La Economía Democrática de una Objetivocracia

La Economía Democrática de una Objetivocracia

*La economía para los humanos,
no los humanos para la economía.*

Bernardo De Urquidi

ISBN: 9798664534504

Tabla de contenido

Del escritor al lector

Este libro es la continuación y conclusión del libro "Objetivocracia Democrática", que muestra la opresión generada por las democracias representativas por elecciones y propone un nuevo sistema político: la Objetivocracia Democrática. La intención del presente libro es mostrarte que no sólo la política sino la economía tiene que ser democrática para que verdaderamente podamos ser libres y tener influencia o control democrático sobre nuestras circunstancias.

Este libro está escrito de una forma inusual, pues mi intención no es decirte a ti qué pensar o sólo transmitir ideas. La intención es que juzgues por completo las ideas y argumentos que se presentan en el libro, que analices si los argumentos y reflexiones te convencen o no, si tienes contra argumentos, si tienes mejores ideas o cómo afectan los temas de los que hablamos en el libro a tu vida. El propósito es que desarrolles tus propias ideas, argumentos e incluso sentimientos sobre el tema del capitalismo y las distintas formas en que podemos organizar nuestra economía. La intención es que al terminar el libro tengas tu propia posición; ojalá que por ser tuya, la defiendas y la promuevas.

Para lograr este propósito el libro se detiene en varios momentos para preguntarte y pedirte a ti que reflexiones sobre un tema en particular y que escribas tu opinión o ejemplos prácticos de lo que se presenta en teoría. Lo ideal es que te acerques a este libro como si fuera una conversación, un debate amistoso en el que recibes ideas, las analizas y formas tus propias opiniones. Cuando termines este libro, ojalá tenga escritas tantas ideas tuyas como mías.

Gracias por emprender este viaje de reflección conmigo y espero que pronto podamos emprender el viaje para transformar nuestras sociedades; espero que pronto podamos construir sociedades libres donde podamos colaborar libremente.

¿CUÁL ES EL PROBLEMA?

No eres libre porque vives en un mundo que organiza su economía con el sistema Capitalista. No eres libre porque el sistema capitalista estimula a la explotación y el abuso de todos los seres humanos y todos los recursos. No eres libre porque el sistema capitalista genera unas circunstancias sociales, económicas, tecnológicas y del medio ambiente que no no son favorables para el desarrollo libre del ser humano y de cualquier otra especie en el planeta.

CAPÍTULO 1

Falsas asociaciones del capitalismo con la libertad y democracia

Para este momento de la historia, casi todos los seres humanos hemos sido educados y adoctrinados a relacionar las palabras libertad, democracia y capitalismo. Los libros de historia, los noticieros, los políticos, las personas con autoridad, las películas, las series, todos suelen relacionar la libertad con el capitalismo, y la democracia con el capitalismo. Sin embargo, aunque se puede argumentar una débil relación entre cierta idea de la libertad con el capitalismo, no hay argumento que pueda relacionar al capitalismo con la democracia. Esto es porque el primer principio democrático es que el poder debería estar en manos de todos, del pueblo, y en el que todas las personas tienen el mismo valor y el mismo poder; cuando en realidad el capitalismo es un sistema en donde el poder está directamente relacionado al capital, o al dinero que tiene una persona; en el sistema capitalista, la diferencia entre la cantidad de dinero que tienen las personas es la diferencia entre la cantidad de poder que tienen. Quien tiene cinco veces más dinero, tiene cinco veces más poder. En un sistema democrático, al momento de tomar decisiones, no hay diferencia de poder entre los ciudadanos.

De acuerdo al Global Wealth Report 2019 (Shorrocks, A., Davies, J.) las veintiséis personas más ricas del mundo tienen más dinero y controlan más recursos que las 3,850 millones de personas más pobres del planeta. 1 Esto implica que estas 26 personas sostienen más poder que las otras 3,850,000,000 de personas. Eso va en contra del principio básico de la democracia que estipula que el poder debe de estar distribuido equitativamente entre todos los miembros de la sociedad.

CAPÍTULO 2

Capitalismo

El capitalismo es un sistema de organización social en que la tierra, los recursos, los medios de producción, las herramientas, la tecnología para producir, los conocimientos para producir, cualquier conocimiento, los medios para distribuir productos, los mercados y todo lo que pueda ser denominado una cosa, producto, herramienta o técnica de producción, son propiedad privada. Esto es, personas o corporaciones, no el estado, ni la comunidad, son los dueños de los recursos, los medios de producción y distribución, el conocimiento y los mercados. En un sistema capitalista, los individuos también tienen la capacidad de voluntariamente entablar relaciones laborales en las que intercambian su tiempo, conocimiento, creatividad, esfuerzo y energías a cambio de dinero. En teoría, nadie obliga a una persona a realizar un trabajo, cada persona decide qué trabajo va a realizar; y la cantidad de remuneración, o pago, que obtiene una persona por su trabajo es obtenido por medio de una negociación libre entre empleado y empleador.

CAPÍTULO 3

Capitalismo y libertad

El sistema capitalista suele ser relacionado con la libertad pues, en teoría, una persona con capital puede invertir su dinero donde desee hacerlo, para producir lo que desee producir, en las circunstancias que desea producir y para vender lo que desea; mientras las otras personas pueden decidir en qué van a trabajar, por cuánto dinero y posteriormente, en qué van a gastar su dinero.

Los proponentes del sistema capitalista te dicen que tú eres libre gracias al capitalismo, porque tienes la libertad de decidir cómo ganar dinero y qué hacer con él.

Si logramos probar que el sistema capitalista no es uno que te permite ser libre ¿estarías dispuesto a considerar otras opciones de organización social y económica? No estoy diciendo que te vas a hacer comunista, sino que, si probamos que el capitalismo es un sistema opresor, ¿estarías abierto a considerar alternativas?

CAPÍTULO 4

¿Cómo te afecta directamente la economía?

Tú naces, te desarrollas, vives y te enfrentas ante unas circunstancias económicas específicas. Las circunstancias económicas son parte de tus circunstancias sociales, esto es, la forma en que se organiza tu sociedad. Para los seres humanos la economía es uno de los factores que más influye en nuestro desarrollo y nuestra vida, sobre todo en el sistema capitalista. Pues, las circunstancias económicas determinan cuánto tiempo y esfuerzo tiene que dedicar cada persona para cubrir sus necesidades, generar suficientes recursos como para satisfacer sus deseos, asegurar o mejorar su posición social y/o las oportunidades y posibilidades que tiene de emprender proyectos personales.

Las circunstancias económicas de una sociedad y su estructura social determinan:

1. Tipo de trabajo que está al alcance de cada persona: que habilidades y esfuerzo físico e intelectual tiene que realizar, cuántas horas y en qué circunstancias tendrá que realizar el trabajo para conseguir:

2. Tipo de remuneración económica que obtiene una persona por su trabajo que le permita acceder a:

3. Tipo de productos o servicios disponibles para él en el mercado; o sea tipo de vivienda, tipo de alimentación, tipo de educación,

tipo de tecnología, tipo de entretenimiento, etc, disponible para su consumo y su uso; que a su vez le permiten tener:

4. Posición socioeconómica: las circunstancias económicas de un individuo no son el único factor que determina su posición social. Sin embargo, sí son el factor más importante en una sociedad capitalista. La cantidad y el tipo de productos de los que es dueño, usa o consume una persona y el capital a su disposición, en gran parte determinan la posición social de los seres humanos en la sociedad capitalista mundial en la que vivimos actualmente.

5. Oportunidades y Posibilidades para emprender proyectos personales. La vida de los seres humanos puede ser no sólo trabajar, transportarse al y del trabajo, entrenarse para trabajar, descansar y comer para poder seguir trabajando. Los seres humanos pueden tener proyectos personales como tener familia, hacer arte, viajar, tener relaciones cercanas con amigos, abrir un negocio propio, construir una casa, criar animales, escribir un libro, estudiar culturas antiguas, etc.. Los proyectos personales pueden ser tan variados como existen humanos en el mundo. Sin embargo, las circunstancias económicas pueden ser adversas a los proyectos o pueden aumentar las posibilidades y oportunidades para emprender distintos tipos de proyectos.

    1. Si las circunstancias económicas requieren que todos los seres humanos dediquen diez ó doce horas de su día al trabajo, entonces el tiempo que tendrán para sus vida y proyectos personales será muy poco.

    2. Si las circunstancias económicas hacen que sea imposible que una persona de clase baja o media baja abra un negocio, entonces los proyectos personales de estas personas se ven completamente afectados o bloqueados por las circunstancias.

    3. Si las circunstancias económicas dan como única opción a un grupo de personas el trabajo en minas o fábricas que emiten gases contaminantes y los trabajadores salen del

trabajo cansados y enfermos y por lo tanto no pueden disfrutar de su familia, amigos o emprender otros proyectos personales, y además mueren relativamente jóvenes, pues fueron envenenados por los gases contaminantes de las fábricas, entonces las circunstancias económicas afectaron a todos los niveles de la vida de los trabajadores y sus familias.

De acuerdo al capitalismo todas las personas son libres de trabajar en lo que quieren trabajar. Pero si una persona nació en la pobreza y los únicos trabajos a los que tiene acceso tienen condiciones similares, le exigen muchísimo esfuerzo físico repetitivo, le exigen dedicar la gran mayoría de su día al trabajo, le pagan lo mínimo para hacerlo regresar al trabajo pero no suficiente como para poder ahorrar, o tener tiempo libre para dedicar a otras cosas. Entonces, ¿esta persona es libre? ¿En el capitalismo tiene la misma libertad una persona que hereda millones, una persona que recibe educación superior y una persona que desde los 14 años tiene que trabajar por el salario mínimo?

____

____

____

____

____

____

____

____

____

____

¿Qué tanto control tienes sobre las circunstancias económicas en las que vives? Esto es, ¿tú tienes la capacidad de decidir o influir qué tipos de trabajos están disponibles para ti? ¿Qué tipo de remuneración económica obtendrás por estos trabajos? ¿Cuánto tiempo le tienes que dedicar a estos trabajos? ¿Cuánto tiempo le tienes que dedicar a entrenarte para realizar estos trabajos en la escuela, en casa, etc.? ¿Cuánto tiempo tienes que pasar transportándote de tu hogar al trabajo y del trabajo al hogar? ¿Cuánto control tienes para decidir las circunstancias en las que vas a trabajar? ¿Tú decides si es un ambiente seguro y social o uno inseguro y antisocial donde trabajas? ¿Cuánto control tienes sobre los productos que hay disponibles en el mercado? ¿Tú decides hacer con tu dinero lo que quieras o es necesario que lo gastes en renta, salud, comida u otras necesidades y realmente es poco el dinero que tienes libre para hacer con él lo que quieras ? ¿Tú decides qué productos o servicios tienes disponibles y están en el mercado o sólo decides entre las opciones que otros te dan? ¿Tú tienes control de cuál es tu posición socioeconómica? ¿Tú posición social y económica te permiten tener y dedicarle tiempo a tus proyectos personales?

CAPÍTULO 5

La economía y el medio ambiente

La economía no sólo determina el tiempo y esfuerzo que tienes que dedicar al trabajo, la remuneración que ganas, lo que puedes hacer con esta remuneración y tu posición social gracias a tu posición económica; la economía y el sistema económico también determinan el impacto de los productos en el medio ambiente y en tu salud.

El sistema económico y la economía determinan:

1. Los productos que se van a producir.

2. Los recursos naturales, humanos, y tecnológicos que requiere la producción.

3. El Impacto ambiental que tendrá la extracción de los recursos naturales.

4. El impacto ambiental que tendrá la transformación de los recursos naturales al producto final.

5. La vida útil del producto final.

6. El impacto ambiental que tendrá el producto durante su vida útil.

7. El impacto ambiental que tendrá el producto una vez que sea desechado.

8. El impacto en la salud del ser humano cuando se produce el producto

9. El impacto en la salud del ser humano cuando se consume el producto.

10. El impacto en la salud del ser humano cuando el producto se convierte en un desecho.

Cada sistema económico y su combinación con un sistema político establecen el marco legal, las relaciones de poder y los incentivos para que las personas actúen y tomen las decisiones que determinarán los diez puntos anteriores.

En el sistema capitalista ¿quién decide qué productos se van a producir?, ¿quién decide el impacto ambiental de la extracción de recursos?, ¿quién decide el impacto ambiental de la producción?, ¿quién decide el impacto a la salud de los trabajadores al producir?, ¿quién decide el impacto ambiental de los productos cuando son producidos, utilizados y desechados?, ¿quién decide el impacto del producto en la salud de los consumidores?, ¿quién decide el impacto de la producción, el uso y el desecho de los productos en la salud de todos los seres humanos?

____

____

____

____

____

____

____

____

____

____

____

CAPÍTULO 6

¿En qué consiste el poder económico?

El poder económico consiste en la capacidad de controlar o influir la economía, y con esto, en la capacidad de controlar o intervenir las circunstancias de todos los seres humanos con menos poder económico.

Quien tiene poder económico tiene la capacidad de decidir o influir:

1. Cuánto dinero está circulando y en qué sectores de la sociedad.

2. Qué, de qué calidad y cuántos productos se producen.

3. Qué productos están disponibles en los mercados para el consumo de cada sector de la población.

4. El impacto de lo que se produce y comercializa en los consumidores.

5. En qué condiciones laborales se producen.

6. El impacto ambiental de la producción, el uso y los desechos de los productos.

Las personas que sostienen el poder económico en una sociedad capitalista son los que tienen la mayor cantidad de dinero. Esto quiere decir que ellos tienen el poder y la "libertad" para decidir y determinar:

1.   Cuánto dinero está circulando y en qué sectores de la sociedad.

Esto lo determinan decidiendo en dónde y cuánto se invierten, en qué tipo de industria o empresa y cuánto pagan por cada tipo de trabajo. Esto determinará los trabajos disponibles y los sueldos disponibles para estos trabajos.

Tú vas a buscar trabajo pero el tipo de trabajo disponible para personas de tu sector social, con tu tipo de educación, en el área en que vives, la determinan las personas que tienen el poder económico.

La capacidad de determinar el dinero que circula y los sectores de la población que lo utilizan, determina las circunstancias económicas en las cuales se desarrolla y vive toda la población sin poder económico o con un poder económico menor. Las personas que sostienen el poder económico deciden dónde invertirlo y esta decisión impacta el tipo de trabajos disponibles; el tipo de conocimientos que se requiere para hacer estos trabajos; el tipo de remuneración que tendrán estas personas y las circunstancias en las que van a trabajar.

2.   Qué, de qué calidad y cuántos productos se producen.

Los que invierten deciden cuánto va a durar cada uno de sus productos antes de que se vuelva obsoleto; la eficiencia de cada producto; si un producto se puede desarrollar por el mismo costo de producción pero se hace más ineficiente para tener una gama de productos barata y otra cara; si un producto podría ser producido para durar diez años pero en lugar de eso se diseña para tener una vida útil de tres, etc.

3.   Qué productos están disponibles en los mercados para el consumo de cada sector de la población.

Quien tiene poder económico no sólo puede controlar cuánto dinero hay disponible para cada sector de la población, sino que puede tener el control de qué productos están disponibles para el consumo.

Cuando entras a un supermercado, tú puedes decidir entre las opciones que las compañías te dan. Otros deciden qué producir y que distribuir, tú solo decides qué comprar entre las opciones disponibles para ti.

El argumento capitalista es que la disponibilidad de productos, los precios y la calidad de los mismos está determinado por las fuerzas del mercado; esta es solo una media verdad, pues el control de la mayoría de los recursos económicos en las manos de pocos, tiene como resultado que sólo pocas personas y pocas empresas tengan la capacidad de invertir en la producción y distribución masiva de productos. Estas empresas también tienen más dinero para invertir en publicidad y otras prácticas que les dan una ventaja competitiva. Por lo que, las leyes del mercado sí determinan el hecho de que un producto de una compañía sea exitoso o no, y por lo tanto si estará disponible o no, pero si no es exitoso, el producto es reemplazado por otro producto de la misma compañía o de otra compañía similar. Pues, incluso antes del cliente final suele estar el cliente comercializador. Esto quiere decir que antes de que un consumidor pueda comprar en el supermercado, el supermercado tiene que hacer la compra del producto. Para una compañía de supermercados o de cualquier otro tipo de productos, resulta más eficiente, tener un solo proveedor grande que lo abastezca de muchos productos con cierta calidad estándar, que tener muchos proveedores con los que tendrá que negociar contratos individuales. Además, usualmente, la producción masiva tienen como resultado la baja de los costos de producción por unidad, por lo que el productor masivo puede vender un poco más barato que su competencia chica o mediana, y al producir mucho más y controlar el mercado, sigue ganando más que la compañía pequeña. Si el poder económico está concentrado en pocas manos, estas pocas manos deciden qué se produce, comercializa y distribuye, tu sólo puedes comprar entre lo que ellos te ofrecen.

4. El impacto de lo que se produce y comercializa en los consumidores.

Las personas con poder económico pueden controlar la producción y comercialización masiva de productos y suelen competir solamente contra otras personas o empresas similares a ellos. Pues, gracias a su poder económico controlan el mercado. Por lo tanto, los que tienen el poder económico deciden el impacto en el consumidor de los productos que están disponibles para la compra y el consumo. Los que controlan la producción, distribución y comercialización masiva, controlan los productos disponibles para el consumo y por lo tanto si los productos que puede comprar una persona son saludables, dañinos, adictivos, seguros, útiles, etc.

Por ejemplo: Si los productos disponibles para alimentar a niños son dañinos a su salud o no. Si los autos son seguros y si emiten contaminantes que dañan la salud de la población. Si la comida producida tiene químicos que causan daño a la salud o si tiene los nutrientes necesarios para el desarrollo de un humano saludable.

5. En qué condiciones laborales se producen.

Los que controlan el poder económico controlan cuánto se invierte en seguridad, en sueldos, en capacitación, etc..

Por ejemplo: ¿Se producen en fábricas donde niños trabajan en China por dieciséis horas al día?, ¿en campos donde los jornaleros son pagados menos de cincuenta pesos al día?, ¿en fábricas donde los riesgos de accidente son muy altos?, ¿en fábricas u oficinas donde los asalariados no trabajan más de ocho horas y tienen seguro social, prestaciones, etc.?

6.   Cuál es el impacto ambiental de la producción, el uso y el desecho de los productos.

Quienes controlan la producción, distribución y comercialización masiva controlan el impacto que sus productos tienen en el medio ambiente, sea cuando están siendo producidos, utilizados o desechados. Esto afecta las circunstancias geográficas, meteorológicas y de los ecosistemas de todo el planeta.

Los que controlan los recursos económicos responden a las siguientes preguntas: ¿Se utilizó petróleo para hacer el producto? ¿Cuánto CO_2 se generó para producir el producto? ¿El producto de plástico se convierte en un desecho que tarda en desintegrarse 1,000 años? ¿Se contaminaron ríos, mares y el aire para hacer dicho producto? ¿Se talaron y quemaron bosques para hacer dicho producto? ¿Cuando se utiliza el producto genera contaminación?

Para que tú seas libre, para que todos los miembros de la sociedad sean libres ¿Quién o quienes tendrían que tener el poder económico? ¿Quién o quienes tendrían que tener la capacidad de decidir en qué se invierte, qué se produce, qué trabajos hay disponibles, cuánto se contamina, etc.? Si todo esto lo decide un grupo pequeño de personas, y las decisiones de estas personas afectan desde el clima, el aire que respiras, los tipos de trabajos disponibles, las cosas que puedes comprar, etc. ¿Tú eres libre? ¿O ellos son poderosos y controlan las circunstancias donde vives?

CAPÍTULO 7

¿Quién tiene el poder económico?

El poder económico lo sostiene la persona o grupo que puede tomar las decisiones anteriores, que puede decidir en qué se invierte para producir, distribuir y comercializar qué y cómo, etc..

En una sociedad 100% capitalista el poder que tiene una persona es directamente proporcional a la diferencia entre los recursos económicos, dinero y propiedad que tiene una persona y la de los otros miembros de la sociedad. El poder económico está directamente relacionado a la desigualdad económica. Quienes tienen mayor poder económico pueden determinar las opciones, las posibilidades que van a tener y las circunstancias en las que vana a vivir los que tienen poco poder económico. Los que tienen mucho poder económico determinan las opciones entre las que pueden elegir los que tienen poco poder económico. Los que tienen mucho poder económico determinan el impacto ambiental, social y de salud de la producción, el consumo y el desecho. Los que tienen poco poder económico deciden entre los trabajos y los productos disponibles gracias a las decisiones de los que tienen mucho poder económico.

La disparidad de poder en una sociedad capitalista es directamente proporcional a la desigualdad económica. Esto quiere decir que si en una sociedad capitalista, el que tiene más, tiene el doble del que menos tiene, entonces hay poca disparidad económica, por lo tanto, poca diferencia entre el poder que sostienen los miembros de la sociedad, en este caso, el poder está uniformemente distribuido, y por lo tanto la toma de decisiones sobre qué se produce, en qué circunstancias, etc., es tomada por muchas personas al mismo tiempo, algunas con más poder que otras, pero la diferencia es poca y podría no ser considerable. Sin embargo, si en una sociedad 100% capitalista, una persona tiene 1,000,000 más que el que tienen menos, entonces la desigualdad económica se convierte en una desigualdad de poder gigantesca.

La "libertad" que promete el capitalismo es la libertad de que hagas con tu dinero lo que tú quieras. Claro que lo que quieras está sujeto al filtro de qué es eso para lo que te alcanza o qué eso que puedes hacer con tu dinero. Si tienes $100 puedes hacer con ellos lo que quieras dentro de la posibilidad de lo que los $100 pueden conseguir. Si tienes $1,000,000,000 puedes hacer lo que quieras, dentro de la posibilidad que esos $1,000,000,000 te pueden conseguir. Quien tienen $100 será libre de comprar algo con esos $100, pero quien tiene $1,000,000,000 podrá, no solo decidir qué comprar, sino qué fábricas o empresas financiar con su dinero, y por lo tanto, que se produce y que está disponible para que la otra persona compre con sus $100. En el capitalismo, tu libertad y tu poder están directamente relacionados a la cantidad de dinero que tienes y a la diferencia entre la cantidad de dinero que tiene cada miembro de la sociedad.

Vivimos en un mundo en el que el 10% de la población controla el 80% del dinero y los recursos económicos del planeta (Shorrocks, A., Davies, J., 2019). Esto quiere decir que este 10% de la población tienen el poder para decidir las opciones de trabajo que tiene el 90% de la población, las opciones de productos que pueden comprar y cuál será su impacto en su salud y el medio ambiente.

Esto quiere decir que con la "libertad" que promete el capitalismo, las personas o grupos de personas con poder económico tienen la "libertad" de invertir en la producción de un producto en circunstancias que emitan gases tóxicos y nocivos para la salud del ser humano, o que cambian la composición química del aire y la atmósfera y con esto afectan los ciclos meteorológicos del planeta.

Las personas o grupos de personas con poder económico tienen la "libertad" de invertir en la producción de un producto que requiera explotar un recurso natural como la madera, y al hacerlo acabar con un bosque.

Las personas o grupos de personas con poder económico tienen la "libertad" de invertir en la producción de un producto que requiera hacer minas que contaminan el agua y la tierra por lo que mueren todos los seres vivos cerca de la mina.

Las personas o grupos de personas con poder económico tienen la "libertad" de distribuir y promocionar el consumo de un producto que al ser consumido por el ser humano le genere problemas de salud.

Las personas o grupos de personas con poder económico tienen la "libertad" de invertir en un producto que genera mucha contaminación al ser producido, tiene una vida útil muy corta y se convierte en un desecho contaminante que dura cientos o miles de años.

Las personas o grupos de personas con poder económico tienen la "libertad" de invertir y comprar todos los recursos necesarios para generar alimentos de forma masiva, por lo que controlan absolutamente todo lo que hay disponible para que coman las personas.

Las personas o grupos de personas con poder económico tienen la "libertad" de invertir y comprar todos los terrenos, casas y edificios, controlando de esta forma los precios del mercado inmobiliario, o sea el precio de tu casa o de tu renta.

Las personas o grupos de personas con poder económico tienen la "libertad" de sacar su dinero de un país para invertirlo en otro y al hacerlo quitarle las oportunidades de trabajo y sustento a una gran parte de la población.

Las personas o grupos de personas con poder económico tienen la "libertad" de sacar su dinero de empresas y actividades productivas que generan trabajo para invertirlo en actividades no productivas como la compra de divisas u oro, y al hacerlo retiran el dinero de circulación, hacen más grandes sus ganancias pero más pequeño el dinero que está disponible para el resto de la población.

Las personas o grupos de personas con poder económico tienen la "libertad" de sacar su dinero de un país, o hacer "fuga de capital" si consideran que las medidas políticas del país no los van a beneficiar. Haciendo que las medidas políticas de un país estén controladas por el beneficio que puedan dar a las personas con poder económico. Básicamente los sistemas políticos terminan por ser rehenes de las personas o grupos con poder económico.

¿Te parece que el sistema capitalista en que el poder está relacionada a las posesiones y la desigualdad, es un sistema que permite a todos ser libres? ¿Te parece que el sistema capitalista en el que pocos deciden y muchos viven o sufren las consecuencias de esas decisiones es un sistema democrático? ¿Te parece que en un sistema 100% capitalista los que tienen el poder económico tienen la misma libertad que los que tienen poco o no tienen poder económico o te parece que en lugar de libertad, es poder lo que ofrece el sistema capitalista a los que controlan el dinero?

CAPÍTULO 8

La diferencia entre libertad y poder

La libertad de acción es la capacidad del ser humano de actuar de acuerdo a lo que decide hacer en su interior, por decisión y voluntad propia, sin coerción por otra persona o grupo. La libertad corresponde a las propias acciones, no a las acciones de otros.

El Poder es la capacidad que un ser u objeto tiene sobre otro para generar en él un cambio o para prevenirlo. Esto quiere decir que el poder es la capacidad de un individuo para obligar al otro a actuar de cierta forma o para limitar la capacidad de acción del otro. El poder corresponde a la relación entre individuos y a la capacidad que uno tiene para obligar, influir o limitar las opciones y las acciones del otro.

El poder siempre se encuentra entre la diferencia de características de dos o más individuos. Si un individuo está solo y no se relaciona con absolutamente nada más en el mundo, el individuo puede tener algunas características específicas, incluidas fuerza, sin embargo a estas características no se les denomina poder. El poder existe cuando el individuo entra en contacto y se relaciona con otro individuo y parte de su relación es la diferencia entre las características, y si esta diferencia le da la capacidad al individuo para generar un cambio o prevenirlo en el otro, de obligar a otro individuo a ser o hacer algo, o para prevenir que el otro individuo haga o sea algo.

Por ejemplo: Si individuo A tiene diez veces más fuerza que individuo B. El individuo A tiene poder para restringir el movimiento del individuo B, para golpearlo y generarle dolor, para moverlo a su gusto, para matarlo o para amenazar para que el individuo B lo obedezca. Por otro lado, el individuo B puede tener cinco veces más fuerza que el individuo C y esto lo da a la capacidad de golpearlo, etc.. Pero si el individuo A está completamente solo, su cuerpo podrá tener las mismas características físicas y la misma energía que cuando está en contacto con otro individuo, pero, al estar solo, tiene características y no poder.

El poder económico consiste, no en la libertad de decidir qué hacer con el propio dinero, sino en la desigualdad económica entre dos o más individuos, que permite que el individuo con más recursos económicos determine las opciones del individuo con menos recursos.

La desigualdad de fuerza física le da a un individuo poder sobre el otro. La desigualdad de fuerza militar le da a un individuo poder sobre quién es más débil militarmente. La desigualdad económica también le da poder a quien tiene sobre quien no tiene. Este poder puede o no ser utilizado, de la misma forma en que el poder de una persona que tiene mucha fuerza física es o no utilizado. El poder económico se ejerce sobre una persona o sociedad cuando, quien tiene poder económico lo utiliza para determinar las circunstancias, las opciones y las posibilidades que tienen los que no tienen poder económico. El poder económico consiste, no en la libertad de decidir qué hacer con el propio dinero sino en el poder de decidir sobre las circunstancias, las oportunidades, las opciones, las decisiones y las vidas de las otras personas. Es poder, y no libertad cuando otros pueden decidir las opciones de que puede hacer una persona con su vida, de que tiene que hacer para ganar dinero, tener comida y mantener o subir de posición social, de cuánto pueden ganar y hasta dónde pueden llegar, de qué tipo de comida tendrán disponible, a qué tipo de medicina tendrán acceso, a qué tipo de educación tendrán acceso, que tipo de sueños, planes y proyectos de vida podrán emprender y completar, etc. Si una persona, un grupo de personas o un sistema, puede decidir esto para otras personas, entonces esta persona, grupo o sistema, tiene poder sobre quienes decide.

Si una persona tiene una pistola y dispara al aire, está usando libremente su arma, sin oprimir a otros seres humanos. Cuando una persona usa una pistola para amenazar y decir, "haces esto o te mato",

la persona reduce las posibilidades de acción a obedecer o morir. Con el poder económico, quien tiene poder determina las opciones y posibilidades que tienen todos los seres humanos:
"Ustedes pueden decidir entre estas opciones. Ustedes otros pueden decidir sobre estas otras opciones. Las opciones que ustedes tienen las decido yo."

Si no hay desigualdad, o hay poca desigualdad económica, el uso de la libertad económica de uno, es simplemente eso, uso de la libertad económica, y no se convierte en poder sobre los demás. Sin embargo, si existe una gran cantidad de desigualdad en la distribución de los recursos económicos, entonces quienes tienen la mayoría de los recursos económicos tienen la capacidad de decidir unilateralmente qué, cómo, en qué circunstancias y con qué efecto se produce y comercializa. Teniendo como resultado que unos pocos pueden controlar toda la economía y con esto tienen la capacidad de controlar las circunstancias en las que viven todos los otros seres humanos.

En estos momentos, menos del 10% de las personas del planeta controlan el 80% de todos los recursos del planeta, mientras el 50% más pobre controla menos de 2% de los recursos (Shorrocks, A., Davies, J., 2019). Esto implica que el 10% de la población es la que decide que se produce, dónde, cómo, cuánto, dónde se distribuye y los efectos de esta producción y comercialización en las vidas, la economía, la salud y el medio ambiente.

Tú puedes decidir entre empresas para trabajar, o entre qué celulares comprar, pero otros deciden qué trabajos están disponibles, cuánto vas a ganar por esos trabajos, que productos están disponibles a la venta por el dinero que tu puedes gastar, y el impacto ambiental que tendrán. Tú tienes libertad, libertad de decidir entre las opciones que te dan los que tienen el poder económico.

Por medio del control total de la economía y las circunstancias, quien tiene poder económico obliga a los que no tienen poder económico a decidir entre perder su lugar en la sociedad, perder su nivel socioeconómico, o a decidir entre las opciones disponibles y elegidas por los que tienen poder económico.

Por medio del poder económico, los que controlan la economía, controlan las opciones de los que no tienen poder económico y al controlar las opciones, controlan las decisiones de las otras personas y los resultados de estas decisiones.

Cuando una persona con poder económico invierte su dinero, su objetivo es obtener la mayor cantidad de ganancias posibles, por lo que todo el sistema, todas las personas empleadas, todos los procesos están en función de generar más riquezas para los que tienen el poder económico. Todos los integrantes de una sociedad capitalista trabajan para generar más ganancias a quienes tienen mayor poder económico. En un sistema capitalista, no se trabaja o se invierte para generar bienestar en la sociedad, para desarrollar oportunidades, para satisfacer necesidades y deseos, se trabaja para generar ganancias económicas para los que contratan e invierten; todo lo otro que se genera además de las ganancias económicos son solo efectos secundarios.

Cuando en una sociedad se permite a unas personas o grupos amasar grandes cantidades de poder económico y les permite hacer uso de este poder, quien sostiene el poder económico puede reducir las opciones, libertades y posibilidades de acción de los otros miembros de la sociedad a elegir entre: Trabajar por los objetivos y por medio del plan de acción del poderoso o morir de hambre, o bajar de nivel socioeconómico y perder estatus social, o ser alienado por toda la sociedad, o perder seguridad física y de hogar, o de renunciar a todas las ventajas y posibilidades que la humanidad ha acumulado en la forma de tecnología, conocimientos, arte, etc..

¿Qué opinas? ¿El capitalismo da libertad a todos los miembros de la sociedad o somete a gran parte de la población mientras da poder a otros? ¿Eres libre si otros controlan todas las circunstancias en las que vives? ¿Eres libre si otros deciden las opciones entre las cuales puedes decidir tú?

____

____

____

____

____

____

CAPÍTULO 9

Coerción a toda la sociedad por los que tienen poder económico

Cuando existe tanta desigualdad económica como la que existe en este momento, las sociedades se vuelven 100% dependientes de las personas con más dinero. Las decisiones que estas personas toman pueden ser devastadoras para toda la población; pues pueden dejar sin trabajo a grandes porcentajes de la población, pueden acabar con economías o modos de vida locales, pueden detener líneas de producción o suministro de productos, incluso los necesarios como los alimentos y los medicamentos, pueden generar contaminación o sobre explotar recursos naturales acabando con ecosistemas completos y modificando el estilo de vida de muchísimas personas, etc.. Esto les da la capacidad a quienes sostienen el poder económico de amenazar directa o indirectamente a los gobiernos de los países. Un país puede ser regido por una democracia, por una república, por una monarquía, por una dictadura, pero, si hay mucha desigualdad económica, los que sostienen el poder económico tienen más o el mismo poder que los que tienen el poder político o el militar.

La coerción por medio del uso del poder económico es evidente cuando en un país se habla de la fuga de capital como respuesta a una medida del gobierno. Tal vez los ciudadanos de un país piensan que merecen trabajar menos horas y ganar más dinero por las horas que trabajan, pero temen que si exigen esto de los empleadores o sus legisladores, los individuos con poder económico simplemente moverán sus recursos económicos a otro país donde los trabajadores exijan menos, reduciendo las posibilidades económicas del país del que salió el dinero y por lo tanto de los propios ciudadanos.

De hecho, ni siquiera es necesario que quienes sostienen el poder económico inviertan en otro país, sólo hace falta que inviertan en otros sectores de la población o en productos como oro y en la compra de divisas, para sacar grandes cantidades de dinero de circulación mientras su dinero sigue generando más "valor".

Si las personas con poder económico retiran su capital de los sectores productivos de la sociedad y lo invierten en oro o en divisas; la economía del país puede caer en una recesión o puede bajar el nivel de vida y de exigencia de todo el sector de la población que se quedó desempleado; mientras que el valor del oro y las divisas extranjeras pueden subir gracias a que hay más dinero invertido en ellas; cuando las personas con el poder económico decidan volver a invertir en la industria, gracias a la recesión, el dinero que tenían invertido en actividades no productivas vale más en la sociedad con recesión y los trabajadores de los sectores más afectados exigirán menos beneficios, pues están desesperados. Las recesiones terminan por ser un suceso o herramienta para consolidar el poder económico en pocas manos y para quitar poder y exigencias de quienes tenían menos poder. El poder económico de la población en general se puede limitar con recesiones.

La coerción del poder económico en una sociedad consiste en la amenaza latente, explícita o implícita de los que tienen el poder económico a la sociedad completa y a los que sostienen el poder político de dañar la economía completa, despedir a grandes cantidades de personas, interrumpir la producción o las líneas de suministro de productos y/o sacar su dinero de circulación desestabilizando la economía completa, si la sociedad y el poder político intentan modificar leyes o establecer circunstancias que limiten el poder económico y protejan o beneficien a los miembros de la sociedad que no tienen tanto poder económico. La amenaza de que siempre buscarán generar la mayor cantidad de ganancias posibles, aunque eso signifique mover todos sus recursos de un país a otro o de un sector de la población a otro lugar que les genere más beneficios, y al hacerlo dejen desempleados a muchísimas personas o dañen a grandes sectores de la población.

En una empresa, si los trabajadores se comportan de cierta forma, exigen más derechos, seguridad o prestaciones, los empresarios tienen el poder de despedirlos; si las circunstancias económicas y laborales son iguales en todas las empresas, entonces los trabajadores sólo tienen la "libertad" de elegir entre opciones similares. Esto quiere decir que unos pocos con poder económico determinan las circunstancias económicas, laborales y sociales para los que tienen menos poder que ellos; sobre todo si su poder económico se traduce en poder político, modificando leyes para que sirvan a sus intereses y restringen los derechos laborales de los trabajadores. El poder económico que unos pocos tienen puede influir y determinar las circunstancias económicas, laborales, sociales y políticas de todo un sector de la población. Tal vez un obrero puede elegir entre una u otra fábrica, un vendedor o un oficinista puede elegir entre una u otra empresa , pero todos los puestos disponibles para el asalariado estarán determinados de acuerdo a su clase social por aquellos que tienen un mayor poder económico que ellos. Además, si por exigir más derechos un asalariado es despedido, es probable que se encuentre en peores circunstancias que en las que estaba inicialmente pues muchas empresas piden recomendaciones de los ex jefes para poder contratar a una persona. Si el ex jefe habla mal de un trabajador, el trabajador difícilmente encontrará un trabajo con mejores circunstancias laborales.

La coerción económica entre clases sociales se da con la amenaza, explícita o implícita de los jefes o empresarios a los trabajadores de que si no obedecen a los jefes, de que si se quejan de las circunstancias laborales o exigen más derechos, los van a despedir y, dejar en peores circunstancias que las que tienen en ese momento para buscar y negociar mejores términos y circunstancias en el trabajo; pues las circunstancias laborales son similares para todos los miembros de una clase social. De hecho, el haber sido despedido de una empresa y no tener la recomendación del jefe anterior, puede reducir aún más las opciones de los trabajadores.

Entre países la cohesión económica se puede ver en el uso de embargos, sanciones económicas, aranceles, inversiones y tratados de comercio en el que un país con mayor poder económico utiliza este poder para influir la economía completa de otro país para obtener un resultado deseado como un tratado, una acción legislativa, política o militar.

Este tipo de medidas es empleada por Estados Unidos con gran frecuencia. Por ejemplo en el 2019 su presidente amenazó al gobierno de México con sanciones económicas y aranceles que podrían destruir la economía del país si el gobierno Mexicano no hacía leyes y tomaba acciones para detener la migración centroamericana (Univision, julio 2019). Esto es, un Estado hace uso de su poder económico para amenazar a otro y obligarlo a actuar y modificar sus leyes. Las leyes y acciones que el gobierno mexicano tomó como respuesta a la presión del gobierno Americano no respondieron al proceso democrático dentro de México, sino que fueron una respuesta a la intimidación y coerción por medio del uso del poder económico.

La coerción económica entre países suele ser más directa y explícita que la que se da dentro de una sociedad. Pues consiste en la amenaza de un país con grandes cantidades de poder económico a uno con menos poder económico de obedecer o actuar con respecto a los intereses del país con más poder o sufrir embargos o aranceles.

Si vives en una democracia, pero todos los miembros de la democracia tienen miedo de las acciones o reacciones de quienes tienen poder económico, entonces ¿Realmente vives en una democracia? Si tienes que actuar con miedo a las posibles represalias de los que tienen más poder económico, entonces, ¿realmente eres libre?

CAPÍTULO 10

El poder económico que se transforma en otros tipos de poder

El poder económico entra en todas las facetas de la vida humana y se convierte en otros tipos de poder que influyen o controlan desde la política, hasta nuestra vida personal.

1. El poder económico se transforma en poder político cuando influye o determina la política de un Estado:

    1. Sea por medios legales como el "lobbying" y financiamiento de campañas.

    2. Por medios prácticos que no son ni legales ni ilegales como la coerción económica y la amenaza explícita o implícita de la fuga o retención de capital si se toma una medida o se pasa una ley contraria a sus intereses.

    3. Por medios ilegales como la corrupción.

    4. Por medios legales con publicidad, mercadotecnia y el financiamiento de medios de comunicación y entretenimiento que expresen las ideas de quienes tienen poder económico y manipulan a la población para hacerla creer que los intereses de los que tienen poder económico son los intereses de toda la población.

5. Por los medios anteriores quienes sostienen grandes cantidades de poder económico pueden influir o controlar a los políticos para determinar las leyes, su implementación, los derechos de los trabajadores, los impuestos, las inversiones públicas y los tratados de comercio.

2. El poder económico se convierte en poder físico:

1. De forma legal: Los que sostienen poder económico pueden contratar guardias de seguridad, guardaespaldas y servicios de seguridad privados; además, en muchos casos, basta con que exijan al Estado que les "presten" elementos policiacos o militares para su protección personal o la protección de sus bienes. De esta forma la situación de seguridad de la mayoría de la población es distinta de la de quienes sostienen grandes cantidades de poder económico. Por lo tanto, si hay una situación de inseguridad en la población, los que tienen el poder económico no se ven estimulados a exigir cambios a la situación de seguridad; pues no los afecta a ellos.

2.

De hecho, no es siquiera necesario que los grupos con poder pidan una protección especial del Estado, sino que, usualmente, los Estados consideran más valiosos a sus ciudadanos con poder económico por lo que los vecindarios, colonias y distritos donde viven y por donde se mueven suelen tener una vigilancia y presencia policíaca mucho mayor que en los vecindarios y colonias donde viven las personas con poco poder económico. Esto no es porque se considere que son más costosas las cosas que se le podrán robar a un rico que las que se le podrían robar a un asalariado o a un pobre. Pues, seguramente lo que se le podrá robar a un rico en un asalto representa mucho menos del total de su riqueza, en comparación a lo que se le puede robar a un pobre o a un asalariado. Sin embargo, por el hecho de que el rico tiene el poder económico y puede mover sus recursos de un lugar a otro afectando a la población completa, y por que vivimos en una sociedad que valora al ser humano de acuerdo a sus pertenencias, se considera peor que asalten a un rico a que asalten a un pobre; y por lo tanto los vecindarios de los ricos están protegidos y vigilados con policías.

3. Por otro lado, quienes sostienen poder económico suelen influir en legisladores y políticos para modificar las leyes de impuestos a su favor. Al hacer esto, usualmente reducen la cantidad de impuestos que ellos tienen que pagar, por lo que influyen en la cantidad de dinero que el gobierno tiene disponible para pagar a su policía y elementos de seguridad. Si los que sostienen el poder económico controlan o influyen las políticas de impuestos, también controlan o influyen el financiamiento que los gobiernos tienen disponible para todas sus acciones, incluidas las   de seguridad, cuánto dinero se invertirá en seguridad y en sistemas de salud, etc...

4. De forma legal o ilegal los que sostienen poder económico pueden financiar o vender armamento a ciudadanos, grupos criminales, revolucionarios o contrarrevolucionarios en el propio país o en otros países; afectando la vida y la seguridad de millones de personas. Grupos con grandes cantidades de poder económico pagan de forma legal o ilegal a legisladores, políticos y elementos de seguridad para poder comercializar armas y al hacerlo, ponen en riesgo la estabilidad, la seguridad y la vida de muchísimas personas.

5. Por medio de la corrupción los que sostienen poder económico pueden pagar para no ser sometidos a las mismas leyes que los otros ciudadanos.

6. El poder económico puede comprar de forma legal seguridad privada que permitan que una empresa utilice la amenaza del uso de la fuerza privada para proteger sus intereses.

7. El poder económico puede financiar de forma ilegal a grupos criminales para aumentar sus ganancias económicas o para amenazar a los residentes de pueblos o regiones para que les permitan operar.

8. De forma legal, o ilegal grupos, corporaciones o personas con grandes cantidades de poder pueden conseguir permisos de gobiernos para explotar los recursos naturales que estaban en territorios de comunidades pobres y al obtener estos permisos legitimar el uso de la fuerza, sea del Estado o de compañías de seguridad privada para despojar, remover o encarcelar a los locales que se oponen a los planes de las corporaciones.

3. El poder económico influye en el mundo interior de los individuos: Las ideas, la psicología, los sentimientos, los deseos, las aspiraciones, planes de vida y la moral de los individuos son influidos por la educación, el entretenimiento y los medios de comunicación controlados y financiados por los grupos con poder económico; quienes transmiten propaganda para influir en los deseos y el comportamiento de las personas.

   1. Por medio del financiamiento a instituciones educativas de su preferencia e influyendo en la política pública que tiene que ver con materia educativa, los que sostienen poder económico tienen poder para generar condicionamientos en la mente de los individuos, sobre todo si desde niños son sometidos a una "formación" y "adoctrinación" que genera condicionamientos en su mundo interior.

   2. Desde niños, se educa a los estudiantes para prepararse para trabajar. No a que aprendan para desarrollarse, para disfrutar de aprender y vivir una vida rica en conocimiento, experiencias, creación propia y proyectos de vida. A los niños se les educa para trabajar y a entrenarse para ganar la mayor cantidad de dinero posible.

   3. Por medio de la publicidad falaz y por el control sobre las formas de entretenimiento disponibles (comerciales, cine, tv, música, revistas, cómics, videojuegos y libros) las personas que sostienen el poder económico pueden condicionar a los ciudadanos a relacionar ciertas actitudes, ciertas acciones, ciertos productos con conceptos metafísicos como la felicidad, el amor, el placer y la vida plena; estos condicionamientos

limitan al mundo interior del ser humano y se combinan con la educación financiada por los grupos de poder, con las condiciones económicas, políticas, laborales, y sociales, determinadas por los grupos con poder económico y las circunstancias meteorológicas, geográficas y del ecosistema, influidas por estos grupos; teniendo como resultado que el poder económico tiene la capacidad de ejercer un control o influencia casi absoluta en la vida del ser humano sin poder económico. Es tal el control de la información, de las oportunidades y posibilidades, del tiempo, de la formación y la educación, de la mercadotecnia y de todas las circunstancias que quienes sostienen poder económico pueden lograr hacer parecer el mundo que ellos controlan como el mundo "natural"; y el sistema en el que la mayoría son sometidos como un sistema "natural" e "inevitable".

¿Puedes pensar en ejemplos en que el poder económico en tu país influye en la política de tu país? ¿Puedes pensar en otras formas en que el poder económico se transforma en otros tipos de poder? ¿Vives en una democracia y eres libre si el poder económico se puede transformar en poder político y en poder militar? ¿Puedes pensar en formas o ejemplos en que los que tienen poder económicos controlan la información, las ideas, la educación y los intereses de las personas en tu país? Si un grupo económico controla estas cosas ¿Eres libre?

CAPÍTULO II

La desigualdad y la competencia

Una de las cosas que promete el sistema capitalista, es que por medio de la competencia libre, o sea, que porque todos son libres de competir contra todos, y de elegir lo que compran, los precios se mantienen bajos, pues el consumidor siempre buscará el mayor beneficio por el menor costo posible. Esto podría ser verdad si no existiese tan gran desigualdad. Pues en el momento en que unos pocos tienen el poder para controlar el mercado, ya no existe una competencia entre iguales, sino entre personas o corporaciones con una gran cantidad de poder y personas o grupos con poco poder.

La competencia comercial en una situación de gran desigualdad económica es similar a la competencia en una guerra entre países con una gran desigualdad militar; quien tiene un ejército con millones de soldados, armamento de punta, aviones, helicópteros, buques de guerra y bombas de hidrógeno y nucleares tiene una ventaja desmedida sobre el gobierno que tiene un ejército de una centena de miles de soldados, no tiene aviones ni artillería. El gobierno del ejército inferior no duraría ni siquiera días en una guerra contra un gobierno con un ejército monumental; tal vez después de la caída de su gobierno, algunos soldados del ejército vencido se conviertan en guerrilleros o terroristas, pero el gobierno con las fuerzas inferiores no puede sobrevivir a la guerra. De forma similar, en una sociedad con una desigualdad económica desmedida, la persona o pequeña empresa que intente competir contra una corporación billonaria no podrá sobrevivir; tal vez sus trabajadores podrán trabajar en el empleo informal, o vender en un nicho de mercado que no hace competencia a la corporación, pero la competencia que recibe una corporación de una pequeña empresa es realmente insignificante.

Ejemplos de desigualdad presentados en el Global Wealth Report 2019 del Credit Suisse Bank:

1. Las 26 personas con más recursos económicos del planeta controlan más recursos que el 50% de la población mundial con menos recursos económicos; esto es 26 personas controlan más recursos que 3 mil 500 millones de personas; y por lo tanto tienen más influencia que todos ellos para determinar o influir lo que se produce, dónde, qué se transporta, qué se vende y a qué precio.

2. En el 2018 la riqueza de los más de 2,200 billonarios del mundo aumentó 900 mil millones de dólares, el equivalente a 2.5 mil millones al día. Esto es, su riqueza incrementó 12%, mientras la riqueza del 50% con menos recursos declinó 11%. O sea, con el sistema capitalista mundial, los billonarios del planeta aumentaron su riqueza 12% en un año mientras el 50% de la población se hizo 11% más pobre.

3. De 1980 al 2018 por cada dólar de crecimiento mundial doce centavos han sido capturados por el 50% más pobre de la población mientras que 27 centavos por el 1% con más recursos.

La forma en que está organizada actualmente la sociedad mundial bajo el sistema capitalista permite que unos pocos tengan tan desmedida cantidad de capital a su disposición, esto les da el poder de comprar y controlar la gran mayoría de los recursos, la producción y los mercados; y por lo tanto de controlar las circunstancias económicas de absolutamente todos los humanos; y por lo tanto de influir en todas las otras circunstancias en las que se desarrolla, vive y a las que se enfrenta el ser humano.

Por ejemplo: Si en un pueblo de 1,000 personas, cinco tienen el 80% de los recursos económicos, estos podrían comprar casi todas las casas y terrenos del pueblo; pues tienen tanto dinero que siempre podrán pagar más que los otros ciudadanos por las casas, y por lo tanto hacen que los precios de las casas suban. Pues, si los otros ciudadanos tenían un máximo de $100,000 para gastar, las casas no se pueden vender por más de $100,000, pero si los cinco ricos entran a competir para comprar las casas, estas subirán de precio, pues la competencia por comprar la casa ahora es entre los cinco ricos y no entre los otros ciudadanos. Una vez que todas las casas del pueblo son suyas, los cinco ricos tienen el poder para subir la renta de las casas. Obteniendo las mayores ganancias posibles de las rentas y así incrementando sus riquezas, mientras que los que pagan renta tienen cada vez menos recursos comparado a los cinco que tienen el control del mercado habitacional. En este caso, estas personas, al tener tantos recursos, son capaces de cambiar absolutamente todos los precios del mercado y de determinar o influir qué tipo de vivienda estará disponible para los otros ciudadanos y a qué costo, o sea cuánto tiempo de su vida tendrán que dedicar a trabajar para poder generar los recursos que paguen la renta.

El trabajo de los que menos tienen, se convierte en trabajo, tiempo y esfuerzo para generar más riqueza para los dueños de las casas a quienes tienen que pagar las rentas. La renta se convierte en un segundo impuesto sobre la población. Pues, mientras los dueños tienen que pagar un impuesto al gobierno para mantener su derecho exclusivo sobre la propiedad, la persona que renta tiene que pagar un precio aún mayor al dueño para recibir un derecho de uso temporal sobre la propiedad. El dueño establece su propio gobierno dentro de su propiedad privada, gobierno que le permite poner los términos y condiciones del contrato de arrendamiento e incrementar sus ganancias y poder económico con la extracción de una renta de quien, desde el inicio tenía menos poder económico. En algunos casos las personas pagan una tercera o una cuarta parte de su sueldo en renta, esto quiere decir que una tercera parte de su trabajo, de su tiempo, de su esfuerzo se va para incrementar los recursos económicos de quien ya tenía más poder económico que él desde el inicio.

¿Qué opinas? ¿El capitalismo realmente permite una competencia libre entre iguales o solamente permite competencia entre quienes tienen grandes cantidades de poder y sumisión o aceptación de las circunstancias entre quienes no tienen poder económico? ¿Los precios son definidos por la competencia al buscar dar más por menos o por la competencia entre quienes tienen más por comprar más y la competencia entre quienes controlan el mercado?

CAPÍTULO 12

El capitalismo y los precios

Una de las defensas del capitalismo es que, cuando los inversionistas logran producir lo más barato posible, van a vender por lo más barato posible para ganar al consumidor; por lo tanto el consumidor se ve beneficiado. Esto es una completa mentira. Los inversionistas buscan producir lo más barato posible y vender lo más caro posible para generar la mayor cantidad de ganancias posibles. Pero aún y si fuese verdad que la competencia limita los precios de los productos, y los mantiene lo más bajo posible, la búsqueda por producir lo más barato posible lleva a los inversionistas a buscar pagar lo menos posible a los trabajadores. Por lo que, el problema realmente no es que los precios sean bajos o altos, sino la relación entre precios y poder adquisitivo. Los precios de un producto pueden bajar, pero si el poder adquisitivo de los trabajadores baja aún más, a ellos no les beneficia la baja en precios.

Por ejemplo: La forma más barata de producir es por medio del uso de esclavos, claro que si no se le paga a un humano por su trabajo y se explota todo su tiempo y energía, el producto del trabajo de este humano será mucho más barato que si se respetase a este humano y se le pagase bien. Sin embargo, el beneficio de que el precio esté más bajo, no lo disfruta el esclavo. Al esclavo le importa poco que el precio de lo que produce es bajo gracias a que es esclavo. De la misma forma, si los precios de los productos se mantienen bajos gracias a la explotación del trabajador, estos precios no benefician al trabajador. ¿Qué beneficio tiene al trabajador que el empresario pueda producir más barato y ganar más dinero?

CAPÍTULO 13

El capitalismo y el financiamiento

Una de las herramientas que se emplean en el sistema capitalista actualmente es el del financiamiento. Para comprar una casa, un auto o iniciar un negocio, una persona o grupo de personas piden un préstamo y pagan intereses de éste. Esto hace que las personas que tienen dinero se beneficien aún más de las actividades productivas o de consumo de los que tienen poco poder adquisitivo.

Por ejemplo: Cuando una persona compra un auto, el dinero de la persona pasa a la empresa, ese dinero es utilizado para pagar los gastos de producción, entre ellos a los trabajadores y para pagar dividendos, o ganancias, a los inversionistas. Los inversionistas, por ser capitalistas, han buscado la forma de pagar lo menos posible por el trabajo a los asalariados, por lo que los inversionistas suelen ser los mayores beneficiarios de la compra del auto. Si se compra el auto a financiamiento, quien presta dinero, ya tenía grandes cantidades de dinero y por lo tanto lo puede prestar, este dinero que presta, genera intereses, estos intereses hacen que quien tenía dinero anteriormente, tenga más dinero gracias a la compra financiada, así que la compra financiada beneficia sobre todo a quien prestó el dinero y recibirá los intereses y al inversionista de la empresa de autos. Cuando una persona compra un auto, paga el costo de producción más las ganancias de los accionistas, más los intereses del prestamista; por lo que la persona que compra el auto, pasa parte de su vida trabajando para pagar, no solo el costo del auto sino las ganancias de los accionistas y de los prestamistas. Si esta persona es un asalariado, su trabajo genera ganancias para los accionistas de la empresa en la que trabaja, si compra un auto, su compra genera ganancias para los accionistas de la marca de autos y si financia la compra, el financiamiento genera ganancias para los accionistas del banco. Todo el trabajo y el gasto de esta persona genera ganancias para las personas que tenían más poder económico que él desde el inicio.

Si una persona pide un préstamo para hacer un negocio, el prestamista siempre tiene un colateral, por lo que el prestamista o el banco tiene asegurado el retorno de su inversión; pero el que pidió el préstamo, la persona que hace el negocio, tiene que trabajar para poder pagar el préstamo, que representó la inversión necesaria para iniciar el negocio y los intereses, que son las ganancias de quienes prestaron dinero. Los que prestaron dinero, ya tenían dinero de sobra desde el inicio y por eso lo pudieron prestar, lo prestan y, gane o no gane el emprendedor, el prestamista siempre tendrá un beneficio y crecerá su poder económico. El emprendedor trabaja para levantar su proyecto y para hacer más rico a los que ya eran ricos.

El sistema de financiamiento es un sistema que hace que toda la sociedad trabaje por hacer más ricos a los ya ricos. Ricos porque los inversionistas ganan dividendos de los productos que producen y consumen todos, y ricos porque ganan intereses del dinero que utilizan los consumidores para poder consumir. De este modo el sistema de financiamiento hace que quienes tienen dinero, lo incrementen siempre y que, quienes tienen que trabajar y pedir prestamos paguen mucho más del valor de los productos pues pagan dividendos e intereses.

Cuando una persona compra una casa, no compite contra pares, contra iguales, por la propiedad, compite contra los millonarios y billonarios que quieren controlar el mercado inmobiliario, en consecuencia los costos de los terrenos son mucho más altos que si no existiesen estos billonarios. Cuando una persona compra una casa, usualmente la tiene que financiar, así que pide un préstamo del que tiene que pagar intereses. El costo de su casa es uno que subió por que la persona tuvo que competir contra los billonarios por el terreno y porque tiene que pagar intereses por el préstamo. Esto hace que los diez ó veinte años que la persona esté trabajando para pagar la casa, esté trabajando para hacer más rico a las personas que eran más ricas que él desde el inicio.

El mercado inmobiliario es más caro de lo que sería sin millonarios, debido a que es más caro, las personas requieren pedir préstamos, ya que piden préstamos tienen que pagar intereses a estos u otros millonarios, por consiguiente los asalariados hacen más ricos a los ricos por medio de su trabajo, por medio del consumo que genera dividendo y por medio de los intereses sobre los financiamientos. El consumidor ve el precio del terreno elevado porque tiene que competir por el terreno contra los millonarios y luego le tiene que pedir un préstamo a éstos mismos millonarios para poder pagar el terreno.

Bajo esta perspectiva ¿Te parece que el sistema capitalista es uno que beneficia a los consumidores? ¿Te parece que el sistema capitalista es uno que promueve la libertad si obliga a todos a trabajar para pagar los financiamientos o para generar dividendos para unos cuantos? ¿Tú quieres disfrutar de los beneficios de tu trabajo o quieres que los billonarios y los financiadores disfruten de los beneficios de tu trabajo?

CAPÍTULO 14

¿La culpa en el capitalismo es de las personas que tienen más dinero?

Para este momento puedes estar pensando que quienes tienen la culpa de todos los problemas del planeta son los que tienen más dinero. Claro es que ellos tienen la mayor responsabilidad, pues son quienes tienen la mayor cantidad de poder, posibilidades y opciones. Ellos influyen o controlan el poder político, controlan la producción, la comercialización y el consumo de la mayoría de los productos del planeta por lo que son responsables de la mayoría de los efectos negativos de esta producción y consumo en el medio ambiente y en la salud de las personas. Sin embargo, ellos también están sujetos a las leyes del mercado y son afectados por sus circunstancias.

Todos los seres humanos y seres vivos son afectados, determinados, condicionados, limitados o potencializados por sus circunstancias; actualmente unos pocos individuos con poder determinan, deciden o intervienen las circunstancias de absolutamente todos los seres vivos en el planeta. La forma de organización social actual permite que estos individuos sostengan y ejerzan poder para determinar las circunstancias políticas, sociales, económicas, alimentarias, educativas y tecnológicas de todos los humanos y para influir las circunstancias de los ecosistemas, así como las meteorológicas y geográficas de todos los seres vivos. Todas las circunstancias son afectadas y todas las circunstancias afectan al ser humano; tal es la importancia del ser humano y de su organización social. Sin embargo, no son los individuos que ocupan el 1% o el 10% de las posiciones altas de la sociedad los responsables totales de la influencia de la humanidad sobre sus circunstancias; pues estos individuos también se desarrollan y enfrentan a las propias circunstancias sociales y son afectados por las motivaciones del mercado capitalista. Esto quiere decir que aunque el 1% y el 10% ocupe los altos peldaños del sistema social mundial, en realidad ellos también están sometidos a las reglas del mercado capitalista mundial y son influidos y motivados por este sistema de organización social para tomar sus decisiones. En el sistema social capitalista mundial, todas las sociedades locales, los gobiernos locales, los individuos con y sin poder económico son estimulados de la misma manera por el sistema para buscar el mayor crecimiento económico por el menor precio; si un individuo que pertenece al 1% o al 10% no obedece a las reglas del mercado, lo más probable es que deje de ser competitivo con respecto a los otros individuos que sí obedecen las reglas del mercado y pronto pierda su poder económico y por lo tanto el poder que tiene para modificar sus circunstancias; por lo que podríamos afirmar que en realidad no es el 1%, ni el 10% de los humanos que ocupan los altos peldaños de la jerarquía económica y social los que toman las decisiones que influyen o determinan las circunstancias en las que se tienen que desarrollar y a las que van a enfrentarse todos los seres humanos; sino que es el sistema capitalista mundial el que genera la disparidad de poder e influye a los que más poder tienen para actuar de la forma en que lo hacen. Actualmente se puede afirmar que lo que afecta y determina gran parte de las circunstancias del ser humano y del planeta son los estímulos y motivaciones generados por el sistema mundial capitalista. El ser humano, estimulado por el sistema actual, toma las decisiones y realiza las acciones que determinan sus circunstancias.

Por ejemplo: Tenemos una crisis climática y ambiental porque el sistema capitalista estimula a las personas a buscar beneficios a corto plazo, a no tomar en cuenta las repercusiones que su producción, el consumo y el desecho de sus productos   tienen sobre el medio ambiente.

Esto tampoco quiere decir que el ser humano sea una simple víctima de sus circunstancias sociales; pues innumerables veces en la historia de la humanidad, el humano ha cambiado el sistema social y económico bajo el cual se rige y ha establecido nuevos estímulos que lo motivan a comportarse y a desarrollarse de nuevas maneras. Además el sistema capitalista no es el único que ejerce influencia, genera estímulos o motiva las decisiones y las acciones del ser humano. Aunque la influencia, las motivaciones y los estímulos sean fuertísimos, el ser humano siempre decide. El ser humano retiene su libertad, pero es estimulado y amenazado por el sistema capitalista a comportarse de cierta forma. El sistema capitalista estimula a las personas con promesas aspiracionales de vidas espectaculares, valor personal y posición social a cambio del trabajo arduo y de la explotación de los recursos y los otros seres humanos; y amenaza a las personas, obligándolas a elegir entre explotar los recursos y a los seres humanos o a bajar de nivel económico y social y ellos mismos ser explotados.

Por otro lado, es obvio que los que tienen mayor poder tienen mayor facilidad para influir en un cambio en el sistema social y económico, pero también es obvio que los que tienen mayor poder tienen más incentivos para actuar de forma que se perpetúe dicho sistema; de tal manera que si se quisiera buscar un cambio de sistema que deje de estar centrado en el crecimiento económico y en la acumulación de poder económico en pocas manos y se centre en la libertad humana, el desarrollo humano o en la protección del medio ambiente o cualquier otra cosa, corresponde a todos los integrantes de la sociedad trabajar para cambiar el sistema; cambiar el sistema no sólo corresponde a las personas que ocupan los altos peldaños en su jerarquía, sin embargo ellos sí tienen mayor poder para generar el cambio y por lo tanto mayor responsabilidad.

Las motivaciones que genera el sistema capitalista son el problema

Los que tienen más poder económico, político y militar sí tienen más responsabilidad sobre sus acciones, pues sus acciones afectan la vida de millones de seres humanos y de todos los seres vivos del planeta, además de que ellos, por tener más poder, suelen tener más opciones de acción. Sin embargo ellos también son motivados por los incentivos del sistema capitalista, y si no obedecen a estos incentivos, pierden su poder, por esta razón, se tiene que cambiar el sistema completo, no solo convencer al 1% o al 10% de invertir de forma diferente o ser filántropos.

Básicamente el capitalismo mundial motiva a los que tienen capital a buscar poder y ganancias de la siguiente manera:

Poder = Mayor control de los recursos de una sociedad.
Mayor control de los recursos de una sociedad = mayor ganancias para unos pocos y menos ganancias para la mayoría.

Ganancias = (mayor precio posible de venta - menor precio posible de producción) X cantidad de productos vendidos

1.   Mayor precio posible de venta =

Este precio se consigue generando una tensión entre las necesidades y deseos del consumidor por conseguir dicho producto y la competencia, esto es, las opciones del mercado para ofrecer dicho producto o uno similar.

Sin embargo, en el mundo actual, la mayoría de los productos no son necesarios para el consumidor sino deseados. La publicidad de las grandes compañías genera en los consumidores el deseo de un producto en específico, pues prometen estatus social, placer, amor, felicidad, trascendencia u otra emoción en la obtención de un producto. Esto quiere decir que el producto en cuestión ya no compite contra los otros productos similares en cuestiones prácticas, en sus características o en los beneficios que brinda al consumidor, la competencia es en el plano emocional; quitando la tensión que existe entre la competencia de los productos que se ofrecen al mercado. Los productos no se comercializan y sus precios no se deciden por sus cualidades físicas o beneficios pragmáticos y prácticos, sino por la promesa de la publicidad de que el producto va a generar una emoción o satisfacer una necesidad trascendental o metafísica del individuo.

Por ejemplo: Coca Cola no compite contra un jugo de naranja por sus cualidades nutritivas, de salud, de sabor o bienestar físico que genera en quien la toma, sino por la promesa de satisfacción de un deseo de estatus social y de emociones positivas que aparecen en su publicidad.

Por otro lado, sí hay productos que son necesarios para la supervivencia de los seres humanos como la alimentación, las medicinas, los hogares y la ropa. En la forma en que se constituye el mundo actual es menos del 10% de las personas las que tienen el control del 80% de las empresas que producen o distribuyen alimentación, medicinas o son dueñas de los terrenos, edificios, casas o los bancos que financian la compra. Al ser tan pocas personas las que controlan los productos o recursos necesarios para todos los seres humanos, ellos tienen la capacidad de vender los productos no según el costo de producción sino según el poder que tienen para que nadie más pueda competir contra sus precios o su presencia en el mercado.

Por ejemplo: Una farmacéutica no decide el precio de una medicina de acuerdo al valor de producción, sino al control que tiene sobre el mercado y a las protecciones que tiene por las leyes de patente. Si su medicamento está protegido por una ley de patente, esto quiere decir que puede poner el precio que desee a sus medicamentos. Por otro lado, si ni una otra compañía tiene posibilidades de producir en masa el medicamento, entonces esta compañía, aun cuando no esté protegida por una patente puede elevar los precios de su medicamento, balanceándose con la competencia o incluso formando acuerdos con la competencia sobre los precios de sus medicamentos.

Si pocas personas tienen el capital suficiente como para comprar terrenos y construir edificios, entonces estas personas pueden decidir el costo de la vivienda para absolutamente todas las otras personas. El costo de la vivienda es decidido de acuerdo a las posibles ganancias que pueda tener un banco o un inversionista y no de acuerdo al costo de la construcción de la vivienda en sí. Cada vivienda costará lo más posible que pueda pagar cada sector de la población, no importa si una gran parte de la población no pueda pagar ni un tipo de vivienda, pues los inversionistas pueden ganar más al subir los precios, aun cuando algunos se queden sin oportunidad de tener un hogar.

Otro ejemplo es el petróleo, pues por medio de organismos internacionales como la OPEP, los países y las compañías extractoras de petróleo se reúnen y deciden cuánto petróleo y cuánta gasolina van a poner a disposición del mercado. Esta decisión de las compañías y los países productores determina los precios del petróleo y la gasolina en todo el mundo y por lo tanto influye en los precios del transporte de todos los productos e incluso los costos de producción cuando se utilizan derivados del petróleo para hacer energía o materiales necesarios durante la producción. Esto quiere decir que los precios de todos los productos en el mercado están relacionados con el petróleo y que el precio del petróleo es determinado, no mediante las fuerzas del mercado y la competencia, sino que son tomados a puerta cerrada por un puñado de personas. Este grupo de personas decide cuánto petróleo puede producir cada compañía y cada país y por lo tanto, cuál será el precio del petróleo, afectando el costo de todos los productos en el mercado. Como relativamente pocas compañías y países son productores de petróleo, ellos tienen el poder para colaborar entre sí para controlar el mercado en lugar de competir entre sí para bajar los precios.

2.   Menor precio posible de producción:

El menor precio posible de producción se logra pagando lo menos posible a los trabajadores, invirtiendo lo menos posible en infraestructura y seguridad, pagando lo menos posible por la materia prima y produciendo en masa.

1.   Menor pago posible a trabajadores:

En este rubro existe una tensión entre lo que cada persona está dispuesta a recibir por cada tipo de trabajo y lo que el empleador desea pagar. La disposición de cada persona a recibir un salario por un tipo de trabajo es determinada por su educación, sus cualidades naturales, lo que desea o se ve forzado a hacer con su vida y las oportunidades laborales a su alrededor. Si existen muchas personas que pueden hacer lo mismo que una persona, la persona es fácilmente reemplazable en su trabajo; por lo que si exige más remuneración, más seguridad y más prestaciones, su empleador es estimulado por el mercado capitalista para despedirlo y buscar a una persona que exija menos y produzca más. En el sistema capitalista actual, los seres humanos se convierten en productores, en trabajadores que venden su tiempo, esfuerzo y talento al mejor postor, quien busca siempre pagar lo menos posible por el mayor trabajo posible.

Esto quiere decir que en una sociedad capitalista en la que el estatus social depende de las ganancias económicas, las personas son estimuladas a rechazar toda inclinación, deseo e interés personal para dedicar toda su vida a la generación de dinero; por lo que las personas son estimuladas no a educarse sino a entrenarse para generar un trabajo, no de su preferencia sino de su conveniencia económica, para convertirse en productores de riqueza.

El poder de negociación que tiene un trabajador depende de la cantidad de personas que pueden hacer su trabajo o de la "unión" entre personas que pueden hacer el trabajo. Si en un país, hay un tipo de trabajo necesario para el desarrollo tecnológico y productivo y son pocas las personas preparadas para realizar ese trabajo. Los empleadores pagarán alto por ese trabajo. Sin embargo, el atractivo de esta paga puede hacer que muchas personas se entrenen para poder realizar este trabajo; por lo que en una o dos generaciones, los conocimientos que antes eran muy cotizados pueden pasar a ser comunes y su valor en el mercado baja; aunque las personas se esfuercen y produzcan lo mismo o más por realizar el trabajo de antes, ahora son menos valiosos, pues su trabajo puede ser realizado por más personas. Por lo que el valor del trabajo y del conocimiento de estas personas no está relacionado a su productividad sino a la escasez de su conocimiento y habilidades. Por ejemplo, el trabajo de un minero es extremadamente productivo y valioso, pues extrae los metales necesarios para la construcción y el desarrollo de toda la industria o los metales preciosos necesarios en los aparatos electrónicos; sin embargo, aunque su trabajo produce mucho valor, su trabajo no es valorado por que no hay escasez de personas que pueden realizar su trabajo.

Si no hay escasez de conocimiento o capacidades, pero hay unión entre los asalariados y exigen entre todos ciertas condiciones, entonces, aunque no exista escasez, pueden negociar ciertos términos de empleo favorables para todos. Pero si no hay escasez de conocimientos y habilidades y no hay unión entre los trabajadores, entonces los que sostienen el poder económico pueden imponer cualquier término sobre los asalariados y estos no tienen poder para negociar.

De esta forma se estimula a las personas a dedicar su vida a entrenarse y a trabajar para ser de "mayor utilidad" para los inversionistas. Esto convierte a las personas en trabajadores que dedican casi todo su tiempo a generar la mayor cantidad de riqueza posible para los inversionistas.

2. Menor inversión posible en seguridad e instalaciones:

Los empleadores son estimulados por el mercado a ofrecer lo menos posible a sus trabajadores para lograr mantenerlos en su trabajo. Esto quiere decir que cuando existen muchas personas necesitadas de trabajo que pueden realizar un trabajo en específico, el empleador puede ofrecer poca seguridad y un ambiente de trabajo hostil. Para los tipos de trabajo que existen pocas personas capacitadas para hacerlos y muchos empleadores buscan su talento, los empleadores tendrán que ofrecer mejores condiciones de trabajo. Las condiciones laborales siempre serán una tensión entre las oportunidades laborales disponibles para los empleados, las personas con la capacidad de realizar un trabajo y las regulaciones que cada sociedad local impone sobre las medidas de seguridad y los espacios laborales.

3. Menor pago posible por materia prima o producto.

Las fuerzas del mercado estimulan a cada empresa, a cada comprador, a buscar pagar lo menos posible por la mayor cantidad de materia prima o productos posibles. Esto estimula a los compradores a comprar sin poner atención a los efectos que la producción o la extracción del producto generan en el medio ambiente y la sociedad. El estímulo que reciben los compradores es a considerar la calidad y el precio, no los efectos en el medio ambiente ni los sueldos que reciben los empleados de los productores.

Este estímulo que el mercado genera sobre los individuos y compañías compradoras a nivel mundial ha generado una sobre explotación de los recursos naturales no renovables y una gran cantidad de contaminación y transformación de los ecosistemas, la geografía y el clima del planeta.

4. Producción en masa:

Las personas que tienen grandes cantidades de poder económico pueden invertir en fábricas, tecnología, líneas de ensamblaje y producción que hacen que cada producto se produzca generando un menor costo unitario que quien no tiene el dinero para invertir en producción en masa y tecnología. Por lo que, suele suceder que entre más produce una empresa, más barato es cada producto y por lo tanto pueden ganar más vendiendo más barato que quien tiene poco dinero y produce un producto similar sin tanta tecnología. Por esta razón, quien tiene grandes cantidades de poder económico tienen más posibilidades de hacer un negocio exitoso.

Usualmente quien puede producir en masa puede producir más barato y quién puede invertir para producir en masa es quien tienen más dinero. Por lo que quien tiene más dinero puede producir más barato y generar un mayor margen de ganancia en la venta de sus productos que el competidor que no puede producir en masa. Aumentando sus posibilidades de que sus empresas sean rentables y exitosas.

3. Mayor cantidad de venta posible =

Una empresa gana de acuerdo a la cantidad de venta. La ganancia de una empresa es = (Mayor precio de venta posible - menor precio de producción posible) X cantidad de productos vendidos

Las ventas de un producto que hace una empresa son el resultado de las ventas totales del producto por el porcentaje del market share que tiene una empresa. O sea cuánta cantidad del mercado controla una empresa.

Por ejemplo: Ventas totales de celulares, 1,000,000 Market share de Motorola 20%. Esto sería: 1,000,000 X 20%=200,000

El mercado lo controlan los que pueden producir, distribuir y comercializar más productos. Cuando existe desigualdad económica, los que tienen mayor cantidad de dinero pueden controlar la producción de dos maneras:

1. Invirtiendo en producción en masa para tener costos menores que quien tiene menos recursos. Por lo tanto, la competencia por tener una "market share" es entre quienes pueden producir en masa grandes cantidades de productos, o sea sólo compiten quienes tienen grandes cantidades de dinero.

2. Comprando y controlando los recursos, los medios de producción, la tecnología y las patentes. Quienes tienen mayor cantidad de dinero pueden comprar y controlar por completo los recursos naturales, o la tecnología y las patentes necesarias para producir ciertos productos. Por lo que quienes tienen la mayor cantidad de dinero pueden hacer que sea imposible competir contra ellos en términos de producción. Haciendo que quienes tienen grandes fortunas sólo compitan contra otros que tienen grandes cantidades de dinero por la compra de recursos, patentes y tecnología. Si un grupo controla los medios de producción, nadie puede competir contra ellos y por lo tanto controlan el mercado completo.

Los que tienen mayor cantidad de dinero también poseen mayor capital para invertir en la distribución. La inversión en la distribución puede hacer más eficiente y menos costosa la distribución de sus productos que los productos de quien sólo tiene dinero para invertir en la producción y no en la distribución. Por lo tanto, quien tiene mayor cantidad de dinero puede controlar mayor cantidad de mercado controlando la distribución y los puntos de venta.

Los que tienen mayor cantidad de dinero también tienen más para invertir en publicidad. Haciendo que sus productos no compitan contra otros similares en beneficios pragmáticos, en calidad, durabilidad, beneficios, etc.. En estos momentos, no suelen ser los productos los que compiten entre sí, sino las campañas de publicidad y el estatus social que otorgan las marcas. Entre más dinero tiene una empresa, más puede invertir en publicidad y más puede convencer a los consumidores que su producto tiene beneficios emocionales o metafísicos. Haciendo que la competencia sea entre personas o empresas con mucho dinero que pueden invertir en publicidad.

Al comprar productos altamente publicitados, se paga, no sólo por el costo de la producción y los dividendos para los inversionistas, sino se paga por campañas de publicidad que manipulan al consumidor. El consumidor paga por su propia manipulación; y es la manipulación del consumidor la que da control del mercado a la empresa que tiene más dinero para invertir en publicidad.

En el sistema capitalista, sólo quienes tienen grandes cantidades de dinero pueden competir entre sí, generando una gran separación de clases y de posibilidades y oportunidades entre quienes controlan los recursos económicos de un país y quienes no.

En resumen:

En el sistema capitalista, el inversionista es estimulado a pagar lo menos posible por el trabajo.
En el sistema capitalista el inversionista con más dinero podrá comprar y controlar los medios de producción, excluyendo de la competencia a las personas con menos recursos económicos.

En el sistema capitalista, el inversionista siempre buscará pagar lo menos posible por los procesos y recursos naturales; por lo que se estimula la explotación desmedida de los recursos y la generación de contaminación en los procesos.

En el sistema capitalista quien tiene más dinero puede producir en masa pudiendo producir de forma más barata que quienes tienen poco dinero y por lo tanto elimina a los que tienen menos dinero de la competencia.

En el sistema capitalista quienes tienen más dinero pueden invertir más en la distribución y por lo tanto pueden controlar más el mercado que quienes sólo pueden invertir en producción y no en distribución.

En un sistema capitalista, los productos no compiten entre sí por su costo de producción o sus cualidades, sino por el control que las compañías tienen de la producción y la necesidad o deseo de los compradores de consumir el producto; o la mercadotecnia en la que pueden invertir quienes tienen grandes cantidades de dinero, manipulando al consumidor a relacionar su producto con emociones, necesidades y deseos que el producto no satisface.

En el sistema capitalista, el que no sigue los estímulos o no logra generar ganancias, pierde su poder económico y con eso su poder. El poder de el 1% y del 10% de la población que controlan el 80% de los recursos del planeta depende de que hagan uso del sistema para generar más ganancias a costa de sus trabajadores, del medio ambiente y del consumidor. Si el 1% y el 10% no trabajan de acuerdo al sistema capitalista, perderán sus ventajas competitivas, perderán dinero, por lo tanto perderán poder y su posición privilegiada.

Los defensores del capitalismo afirman que el capitalismo es el sistema de organización social que permite la libertad del ser humano, pues en el capitalismo el ser humano puede hacer con su dinero lo que desea. Sin embargo, en el capitalismo los seres humanos nacen a clases sociales con distinto poder, los que nacen en la clase social alta son motivados por el sistema a explotar a los trabajadores y a los recursos y a manipular a los consumidores; si no explotan a los trabajadores y recursos y no manipulan a los consumidores, no obtienen tantas ganancias como quien sí lo hace, y al no obtener tantas ganancias, pierden su poder. En el capitalismo, los que no tienen poder tienen que vivir en un mundo que favorece a los que sí, en el que quienes tienen el poder determinan todas las circunstancias de quienes no tienen. Por lo que incluso los más ricos en el sistema capitalista no son libres de hacer con su dinero, su tiempo, su vida y sus negocios lo que deseen, tienen que obedecer a las motivaciones de explotar y manipular o perderán su poder y ellos mismos serán explotados y manipulados. El sistema capitalista en realidad somete a todos, pues los poderosos no pueden hacer con su poder lo que deseen hacer, tienen que actuar de acuerdo a las motivaciones del capitalismo o perder su poder y los que no tienen poder viven por completo en las circunstancias generadas por los que tienen poder y por el sistema capitalista. Pase lo que pase, decidan lo que decidan las personas individualmente, en el sistema capitalista, los que tienen más poder son los que son más eficientes para explotar recursos, trabajadores, manipular a los consumidores y los que dedican más tiempo, talento y energías a la procuración de dinero.

Por otro lado, la idea de que en el capitalismo las personas pueden hacer con su dinero lo que desean es mentira, pues, el capitalismo no permite que todos los seres humanos generan suficiente dinero, por lo que las personas más pobres no tienen no tienen opción de qué hacer con su dinero más que pagar los servicios básicos. En el capitalismo la libertad y el poder están completamente relacionadas al dinero y quien carece de dinero carece de libertad y poder y por ser un sistema explotador, en el capitalismo siempre existirá carencia de recursos para una gran parte de la población. Tal vez el 10% más rica de la población es libre de hacer con su dinero lo que desean hacer una vez que acaba el día laboral, pero el 50% más pobre no es libre de hacer con su dinero lo que quieran, pues no tienen dinero más que para pagar lo básico para la supervivencia, e incluso, las opciones de lo "básico" que están a su disposición son determinadas por quienes tienen grandes cantidades de recursos económicos.

¿Aún crees que el sistema capitalista es uno en el que aumenta las libertades del ser humano? ¿De todos los seres humanos? ¿Por qué?

____

____

____

____

____

____

____

____

____

____

____

CAPÍTULO 15

Desigualdad de circunstancias iniciales

El capitalismo no sólo es un sistema que inevitablemente genera desigualdad, sino que iniciamos a tener el sistema capitalista con desigualdad. Algunas personas nacen a familias ricas, tienen mejores oportunidades de educación, se mueven en círculos sociales donde salen las mejores oportunidades de negocios y heredan grandes cantidades de dinero. Mientras otras personas nacen en circunstancias de pobreza, tienen que trabajar desde la infancia para generar dinero y poder comprar comida y se mueven en círculos sociales donde todos están en las mismas circunstancias de pobreza. En una sociedad capitalista quien inicia con dinero o con ventajas competitivas como no tener que trabajar en la infancia o adolescencia y poder asistir a escuelas donde reciben educación de alto nivel y se asocian con personas que heredarán dinero, tiene una ventaja competitiva gigantesca sobre quien no tiene esas oportunidades. La sociedad capitalista posteriormente procede a generar incluso más beneficios a quien inició con ventajas y a mantener limitadas las posibilidades de quienes no inician con tantas ventajas. Claro que una persona que nace con privilegios o grandes oportunidades puede desperdiciar estos privilegios y estas oportunidades; y claro que, en ciertas circunstancias muy específicas, alguien que inició sin tantos privilegios puede llegar a hacer una fortuna.

La desigualdad con la que inician las personas al nacer en un sistema capitalista no es una desigualdad generada de una generación a otra. La mayoría de los países que se consideran del primer mundo en este momento son países que no fueron colonias, y en los países en vías de desarrollo, las clases gobernantes y que tienen poder económica suelen ser mestizos descendientes de los colonizadores. Estados Unidos no es una excepción. Los nativos, los colonizados son gobernados a nivel político y económico por los descendientes de los colonizadores; los negros siguen sometidos al poder político y económico de los descendientes de los esclavistas blancos. Los blancos en las colonias nunca fueron colonizados, sino que ellos eran los colonizadores y como tales, al terminar las colonias tenían todos los beneficios y ventajas que los sistemas económicos y racistas coloniales habían dejado.

El sistema capitalista no inició con una sociedad en la que todos los integrantes tenían igualdad de circunstancias. El sistema capitalista no permite a todos en este momento iniciar con igualdad de circunstancias. El sistema capitalista da más oportunidades y posibilidades a quienes inician con ventajas y da más ganancia y poder a los que son mejores explotando a trabajadores, los recursos y controlando el mercado.

Claro que existen casos de personas que dedican absolutamente todo su tiempo esfuerzo e inteligencia para subir de clase social y en el transcurso de una generación suben de posición socioeconómica. Pero esos son la excepción de la regla. La regla en el sistema capitalista es que quien inicia con ventajas pueda incrementar sus ventajas y que quienes inician con desventajas se mantengan siempre trabajando para los que iniciaron con ventajas. La excepción del pobre que se hace rico confirma la regla, no la niega.

¿Piensas que todos los integrantes de un sistema capitalista tienen las mismas oportunidades y posibilidades? ¿Piensas que porque unos son descendientes de colonizadores, esclavistas y explotadores deberían de seguir teniendo más poder económico? ¿Piensas que es correcto que los que son mejores explotando al medio ambiente y a las personas deberían de ser las personas con más poder y con más control sobre las circunstancias en las que van a vivir todas las personas y todos los seres vivos del planeta?

CAPÍTULO 16

El capitalismo, la democracia y la libertad.

El capitalismo es un sistema que estimula a las personas que inician con ventajas a explotar a los trabajadores que inician con desventajas, pidiéndoles la mayor cantidad de productividad por la menor cantidad de paga posible.

El capitalismo es un sistema que estimula la generación de desigualdad económica y por lo tanto la desigualdad de poder dentro de la sociedad.

El capitalismo es un sistema en donde los que tienen poder para tomar decisiones y decidir las circunstancias en las que van a vivir, y las oportunidades y posibilidades que van a tener todos los miembros de la sociedad son las personas que tienen más dinero.

La democracia es un sistema que considera que el poder debería de estar distribuido entre todos los miembros de la sociedad de forma equitativa. Por lo tanto el capitalismo no es un sistema democrático, ni es compatible con una democracia.

La "Libertad" o el poder de los que tienen todos los recursos económicos de controlar las circunstancias y las opciones que tienen todos los miembros de la sociedad vuelve al sistema capitalista en un sistema que no promueve la libertad sino el sometimiento a quienes tienen poder y a la búsqueda de poder; por lo tanto no es un sistema que fomenta la libertad. La capacidad de quien tiene poder económico de controlar o influir las circunstancias en las que viven todos los miembros de la sociedad es más similar al poder de un general sobre un país en el que ha hecho un golpe de estado, que a la libertad de un individuo de hacer con su vida y su tiempo lo que desee.

El capitalismo es un sistema que motiva a los que tienen dinero a explotar los recursos naturales y a no hacerse responsables por la contaminación o los desechos generados por sus procesos de producción, el uso y el desecho de sus productos; por lo tanto es un sistema que genera problemas como la crisis climática; y que por su forma de funcionar no puede solucionar estos problemas, sólo los puede agrandar.

El capitalismo es un sistema que motiva a los que tienen poder a explotar a los trabajadores y manipular al consumidor, y si no lo hace no genera tantas ganancias como quien sí lo hace y por consecuencia pierde su poder y posición económica.

¿Crees que la palabra Capitalismo está correctamente relacionada a la Libertad y a la Democracia?

CAPÍTULO 17

El sistema actual

Pero, si no es por medio del capitalismo, ¿de qué otra forma se puede organizar la economía?

Antes de hablar de otra forma de organización económica tenemos que dejar claro que ningún Estado en la historia de la humanidad ha sido 100% capitalista en ningún lugar del mundo. En un sistema 100% capitalista todos los recursos, tierras, productos y servicios son privados y el gobierno sólo existe para proteger la propiedad privada y para resolver disputas y demandas por fraude o incumplimiento de contratos entre ciudadanos.

La teoría capitalista requiere que todos los medios de producción, recursos, conocimientos, tierras y productos sean propiedad privada; y que toda la economía se mueva de acuerdo a la oferta y la demanda privada sin intervención del gobierno.

Algunos ejemplos de acciones que toman los gobiernos de prácticamente todos los países del mundo que vuelven a sus sistemas económicos en unos que no son 100% capitalistas son:

1. Los gobiernos tienen fronteras con aduanas y regulan qué productos entran, qué productos no, y qué productos entran con ciertos aranceles o impuestos.

Si el gobierno de un país no permite el libre tránsito de productos hacia dentro y fuera del país, o si impone tarifas o impuestos especiales a productos extranjeros, los productos disponibles y los precios de los productos son afectados o determinados por el gobierno y no por el libre mercado. Por lo tanto no es el libre mercado y el balance entre la oferta y la demanda lo que establece el precio de un producto, sino una ley impuesta por un gobierno que limita la presencia de un producto extranjero en el mercado o que sube el precio gracias a aranceles o impuestos.

Cuando los gobiernos hacen tratados de comercio con otros Estados, los gobiernos están decidiendo qué productos entran y salen de su territorio. Con estas decisiones los gobiernos afectan la economía de ciertos sectores de la población de forma desproporcionada. Un tratado de comercio puede beneficiar a un sector de la población en específico, atrayendo inversión y generando crecimiento, mientras afecta negativamente a otro sector de la población.

Por ejemplo: Un tratado de libre comercio puede beneficiar a la industria automotriz y afectar negativamente a los agricultores del país.

2. En el momento en que el gobierno hace una inversión pública está distribuyendo dinero y recursos y está poniendo al alcance de los ciudadanos productos o servicios que no están en manos del sector privado.

Cuando el gobierno invierte dinero en una obra pública está tomando el dinero que era de todos o de un sector de la población que paga impuestos, o está imprimiendo nuevo dinero y lo está redistribuyendo a los trabajadores y/o las corporaciones que realizan la obra pública. Esto quiere decir que el gobierno, no el sector privado, está tomando decisiones económicas. El gobierno está decidiendo dónde invertir y cuánto y por lo tanto qué trabajadores, que compañías, que sector de la población va a recibir dinero y en cuánta cantidad. Esta inversión puede ser en la construcción de un puente, en la transmisión de un canal de televisión, en el mantenimiento y fortalecimiento de las fuerzas armadas, en proyectos sociales, es estímulos culturales, etc.

La inversión pública no solamente no es capitalista porque el gobierno redistribuye los recursos económicos; sino porque el gobierno y no el sector privado, decide que habrá ciertos recursos, ciertos productos, cierta infraestructura y ciertos servicios que estarán disponibles para el uso de toda la población y cuyos precios o costos no están sujetos a las leyes del mercado de la oferta y la demanda.

Por ejemplo: si el gobierno construye la infraestructura de drenaje de una ciudad y no cobra a sus ciudadanos por el uso del drenaje, está decidiendo que el drenaje no esté en manos del sector privado y esté en manos del sector gobierno, y que los ciudadanos no paguen por este servicio, o, más bien, que paguen por el servicio por medio de los impuestos.

En el momento en que el gobierno invierte en la construcción de calles y autopistas, de sistemas de drenaje, de redes de suministro de electricidad, en presas, etc. el gobierno está tomando decisiones económicas que afectan la economía y la vida de sus ciudadanos, y por lo tanto, no es un sistema 100% capitalista.

3. Cuando el gobierno, o el Estado es dueño de ciertos recursos naturales o del territorio, entonces ese gobierno no es uno 100% capitalista.

Pues el gobierno, no empresas del sector privado, es dueño de tierras y recursos naturales y toma decisiones de qué se hará con esos recursos y esas tierras. Al controlar recursos y terreno, el gobierno influye en las decisiones económicas y la capacidad económica de un Estado; pues influye o determina qué recursos están disponibles por qué costó y qué tierra está disponible para que tipo de uso.

4. Los gobiernos de los países, incluidos Estados Unidos, afectan y determinan la economía de sus países por medio del banco central del país; que determina cuánto dinero está en circulación y los intereses de los préstamos.

El banco central imprime o saca de circulación ciertas cantidades de dinero cada año, estas decisiones controlan la inflación y deflación del dinero. El balance entre la cantidad de dinero circulando y los productos y servicios disponibles en el mercado generan una economía estable o una inestable. El gobierno de todos los países del mundo toma decisiones sobre la imprenta y la circulación del dinero y por lo tanto el gobierno influye y determina la economía de un país.

5. Las leyes que regulan ciertas actividades y acciones del sector privado también limitan el capitalismo en los países.

Las leyes que prohíben el empleo de niños en las fábricas, que dan derechos a los trabajadores, que limitan las jornadas laborales a 8 horas diarias, que obligan a las empresas a tener ciertos estándares de seguridad y que establecen salarios mínimos, son leyes que quitan ciertas decisiones del sector privado y las vuelven del sector público. Esto quiere decir que el gobierno establece ciertas reglas que todos tienen que seguir y por lo tanto las personas cuando buscan trabajo o cuando contratan tienen que actuar de acuerdo a estas reglas y no de acuerdo a su criterio personal. Estas reglas las impone el gobierno y por lo tanto el gobierno determina o influye ciertos aspectos de la economía del país.

Por ejemplo: Estas leyes determinan en qué circunstancias van a trabajar las personas y cuánto es el salario por el que van a trabajar.

6. Otra forma en la que los gobiernos influyen en la economía de un país y limitan el sistema capitalista es cuando prohíben la producción y venta de ciertos productos. Pues es el gobierno y no el mercado el que toma la decisión de que habrá disponible o no para el consumo de los ciudadanos.

Cuando un gobierno prohíbe la venta de drogas adictivas o estupefacientes, de medicamentos sin receta medica, de armas, de animales exóticos, de sustancias tóxicas, de pornografía infantil, de esclavos, etc. está decidiendo que ciertos productos o ciertas cosas no van a estar disponibles en el mercado y que no es la ley de la oferta y la demanda lo que determinará si algo se vende o no.

¿En tu país el gobierno invierte en obras o servicios públicos?

____

¿En tu país el gobierno es dueño de tierras o recursos naturales?

____

¿Tu país tiene leyes de protección de los trabajadores?

____

¿Tu país tiene leyes de protección de los consumidores?

____

¿Tu país tiene leyes de protección del medio ambiente?

____

¿Tu país tiene fronteras con aduanas?

____

¿Tu país tiene tratados de comercio?

____

¿Tu país impone impuestos o tarifas a la importación o exportación de ciertos recursos o productos?

____

¿Tu país cobra impuestos?

____

¿En tu país el gobierno controla un banco central que imprime o retiene dinero?

____

¿En tu país el gobierno controla un banco central que determina los intereses de los préstamos?

____

¿En tu país hay ciertos productos que es ilegal vender?

____

¿Tu país es 100% capitalista?

____

Lo más seguro es que en tu país, el gobierno toma decisiones que determinan o influyen en la economía y por lo tanto tu economía personal; el proceso por medio del cual se toman las decisiones que afectan la economía de todo el país determina qué tan democrático o autoritario es un país; y el objetivo que se pretende lograr determina si las decisiones se toman en beneficio de todos, de unos pocos o de ciertos sectores específicos de la sociedad.

¿Puedes pensar en algunas decisiones que los gobiernos de tu país toman que afectan la economía? ¿Quiénes toman estas decisiones? ¿Cómo se toman estas decisiones? ¿A quiénes suelen beneficiar las decisiones económicas de tus gobernantes? ¿A quienes afectan negativamente?

Los gobiernos y la propiedad privada

La mayoría de las personas en el mundo hemos sido educados a considerar que la propiedad privada es algo natural, obvio y que nada tiene que ver con el gobierno de un país. Sin embargo, propiedad privada no es más que una asignación legal que otorga el reconocimiento de un gobierno a que una persona tiene ciertos derechos exclusivos sobre tierras, recursos u objetos. Lo que tiene derecho a hacer una persona con el terreno, los recursos o los objetos, depende de las leyes de cada gobierno. Las razones que cada gobierno determina válidas para que una persona tenga ciertos derechos sobre un terreno o ciertos objetos depende de las leyes de cada gobierno.

Por ejemplo: En un momento de la historia la mayoría de los gobiernos europeos consideraba legal que un conquistador o un colonizador declarara que ciertas tierras eran su propiedad, sin importar si eran habitadas o no por indígenas.

Durante la época feudal era considerado legal que el noble tuviera derecho a ser dueño de una gran cantidad de territorio y que tenía derecho a exigirle a las personas que vivían o trabajaban en el territorio a pagarle impuestos o renta por el uso del terreno.

Hace 200 años una persona blanca tenía derecho a llamar propiedad privada a un ser humano negro.

En unas sociedades era considerado correcto que un ser humano fuese dueño de lo que generaba por medio de su trabajo. En la mayoría de las sociedades actuales consideramos que el ser humano ya no tiene derecho a lo que genera mediante su trabajo, sino que tiene derecho a recibir un salario por su trabajo, aun cuando el valor de lo producido mediante el trabajo pueda ser mayor al salario que recibe.

Algunos opinan que los frutos o productos de la tierra que se generan gracias al trabajo de una persona deberían de pertenecer a esa persona. Según la mayoría de los gobiernos en estos momentos, los frutos o productos de la tierra pertenecen a la persona que tiene un derecho legal sobre la tierra, y aunque otros puedan trabajar en la tierra, lo que se produzca es del dueño legal, no de quien trabaja y produce. En la mayoría de las sociedades actuales consideramos que aunque una persona no trabaje, su dinero, o su propiedad "pueden trabajar por él" por medio de la cobranza de renta, de dividendos o de intereses.

En estos momentos la mayoría de los países del mundo tienen leyes que restringen el uso de la propiedad privada; en ciertos terrenos de una ciudad sólo se permite construir casas, en otros no se permite construir edificios, en otros se exige que se reserve cierto porcentaje para áreas verdes.

Los ejemplos se complican aún más cuando en una propiedad se encuentran recursos naturales como el agua de un río o un lago. Pues el uso que una persona hace de un río afecta la cantidad y calidad de agua que sale de la propiedad de la persona y hacia las propiedades de otras personas. Por lo que muchas leyes restringen los derechos de uso que los dueños de tierras tienen sobre los recursos naturales que en ellos se encuentran.

Todos los anteriores son ejemplos de cómo lo que consideramos propiedad privada no es algo natural y obvio, sino una designación legal que cambia y evoluciona con el tiempo. Esto quiere decir que el ser humano no se convirtió en ser humano con un concepto claro de lo que era la propiedad privada y que el concepto de la propiedad privada ha ido evolucionando a lo largo de la historia de la humanidad. Las razones por las que se considera que una persona tiene ciertos derechos exclusivos sobre un objeto o a un terreno han cambiado a lo largo de la historia de la humanidad, y seguirán cambiando.

CAPÍTULO 19

Los derechos exclusivos de la propiedad privada

Algo muy interesante de la propiedad privada son los derechos exclusivos. Pues los derechos exclusivos no son el derecho de uso de un terreno o un objeto, sino el derecho a que otros no utilicen el terreno u el objeto. En todas las sociedades del mundo existe el concepto de la propiedad pública o la propiedad común. Esto es, terreno o productos que se pueden utilizar por todos los miembros de una sociedad. Todos los miembros de la sociedad tienen ciertos derechos sobre las calles, parques y carreteras de una sociedad, pero en el momento en que inicia un jardín de un vecino o una colonia privada, los derechos sobre el terreno se vuelven exclusivos, o sea que otros no los pueden utilizar.

Por ejemplo: En Inglaterra y en Estados Unidos de América hubo un período en que grandes cantidades de terreno eran de uso público y las personas podían llevar a su ganado a pastar y tomar agua en estos espacios públicos. Eventualmente todos estos espacios públicos fueron designados propiedad privada y los dueños obtuvieron el derecho de excluir a otros de la posibilidad de alimentar animales con el pasto que crecía en su propiedad privada, que antes era propiedad pública y mucho antes era utilizado por los indígenas y no era propiedad de nadie.

Lo más importante que hay que considerar en este punto sobre la propiedad privada no es que una persona tenga derecho a utilizar un recurso, un objeto o una tierra, sino que tiene el derecho de excluir a otros del uso de ese recurso, objeto o tierra. El derecho a excluir es lo que da a los dueños poder sobre quienes no tienen ese derecho, pues del derecho a excluir surge:

1. El derecho a controlar el uso y la producción de un recurso, objeto o terreno.

2. La posibilidad de que una persona o un pequeño grupo tenga derechos exclusivos sobre la mayoría de los recursos, tierras y objetos y que por lo tanto no existan suficientes tierras y recursos para la subsistencia de otros seres humanos.

3. La posibilidad de que otros que carecen del derecho de uso requieran pagar renta para poder utilizar el producto o terreno.

4. La posibilidad de que otros que carecen del derecho de uso se vean en la necesidad de vender su vida, su tiempo, intelecto y esfuerzo para generar un trabajo, no para poder obtener los frutos de su trabajo, sino para recibir un salario. Pues, quien no tiene derecho de uso de ciertos productos o tierras, no tiene capacidad de producir; y por lo tanto, para obtener lo necesario para subsistir tiene que vender su tiempo, inteligencia y energía en forma de trabajo para generar un producto, sobre el que tendrá derechos exclusivos el dueño del terreno o de los recursos.

La diferencia entre la cantidad de derechos exclusivos que las personas tienen sobre los recursos económicos de una sociedad, genera la desigualdad de derechos y la desigualdad de poder en una sociedad.

Los gobiernos y las leyes de todos los países del mundo determinan quién tiene derecho a tener propiedad privada, qué tierras, recursos y productos son considerados propiedad privada y qué derechos tienen los dueños sobre sus propiedades. Por lo que en realidad no hay forma en que se pueda hablar de un sistema económico que no está relacionado a un sistema político. El sistema económico es solamente uno de los aspectos del sistema político, de la forma en que se organiza la sociedad y se toman las decisiones que afectan a todos los miembros de una sociedad.

La forma económica de organizar a la sociedad es parte de la forma política en que se organiza la sociedad. Pues por el proceso político se decide qué tipo de productos, objetos, recursos o tierras podrían ser propiedad privada, que tipo de derechos de uso tienen los dueños y que puede hacer el dueño o el mismo gobierno para proteger los derechos exclusivos de uno sobre su propiedad.

La política y la economía son parte de la misma forma de organización social pues por medio del proceso político se contesta a las siguientes preguntas: ¿Qué cosas pueden tener dueño? ¿Quién puede ser dueño sobre qué cosas? ¿Por qué alguien tiene el derecho a ser dueño de una cosa y otro no? ¿Qué tipos de usos exclusivos o derechos puede tener un dueño sobre su propiedad? ¿Qué puede hacer el dueño para proteger los derechos exclusivos que tiene? ¿Qué cosa tiene que hacer el gobierno para proteger los derechos exclusivos?

Tú ¿Por qué razón piensas que una persona debería de tener derechos exclusivos sobre un terreno o un objeto?

¿Qué derechos exclusivos piensas que una persona debería de tener sobre un terreno y que derechos piensas que deberían de ser limitados?

La libertad y la propiedad privada

La propiedad privada no representa el derecho de una persona a utilizar un terreno, recurso u objeto sino su derecho y poder de excluir a otros de su uso, o a cobrar a otros por su uso. En este respecto la propiedad privada no tienen nada que ver con la libertad de quien tiene la propiedad, sino en el poder de exclusión. Los proponentes del capitalismo suelen afirmar que el capitalismo es un sistema que permite la libertad de que las personas hagan de su propiedad lo que desean hacer con ella. Pero, si analizamos lo que significa la propiedad privada, en realidad, el capitalismo es el sistema en el que se da poder a uno de excluir del uso de un terreno o un recurso a otro y se le da poder de decidir utilizar ese recurso o producto como desea hacerlo. Si realmente se quisiera intentar ampliar las libertades de todos los miembros de la sociedad, entonces tendríamos que hablar de las libertades de todos los miembros de la sociedad por utilizar todos los recursos, objetos y terrenos en conjunto y no del poder de unos de excluir, o limitar la libertad de otros.

El derecho y el poder para excluir son en realidad contrarios a la libertad de decidir y de actuar. Pues afirmar que solamente una persona tiene derecho a utilizar o a decidir cómo será utilizado un terreno, recurso u objeto, es afirmar que todas las otras personas no pueden utilizar o decidir cómo utilizar este objeto, recurso o terreno. La aparente libertad de uno para decidir qué hacer es una exclusión de la libertad de todos los demás de decidir qué hacer con el terreno, recurso u objeto. Este no es un argumento en sí en contra de la propiedad privada, pero sí un argumento en contra de la relación de la propiedad privada y la libertad y en contra de la relación de cualquier sistema que tenga la propiedad privada como su base con la libertad.

La propiedad privada no está basada en la libertad sino en el poder para excluir. El capitalismo está basado en la propiedad privada, por lo que el capitalismo está basado en el derecho a excluir no en el derecho a utilizar o decidir; está basado en el poder para excluir o limitar la libertad de muchos por quien sostiene el derecho legal exclusivo sobre la propiedad privada.

Cuando existe propiedad en común o propiedad pública, entonces existe la libertad de todos para utilizar la propiedad o incluso para decidir en conjunto qué hacer con la propiedad; cuando existe la propiedad privada existe el poder de uno para excluir a los demás del uso y de la toma de decisiones.

Por lo que podríamos concluir que: entre más propiedad común o pública haya en una sociedad, habrá más libertad; y entre más propiedad privada exista, hay más poder y menos libertad, sobre todos si hay desigualdad en la cantidad de propiedades que tiene cada miembro de la sociedad.

En este momento el 10% de la población es dueña del 80% de los recursos del planeta. Esto quiere decir que el 10% de la población tiene derechos exclusivos sobre estos recursos, tiene el derecho y el poder para ser los únicos que toman las decisiones sobre lo que sucede con el 80% de los recursos del planeta.

¿Tú que prefieres? ¿Libertad o propiedad privada? ¿por qué?

____

____

____

____

____

____

____

____

CAPÍTULO 21

La defensa de la propiedad privada

En algunos países del mundo las personas tienen derecho a matar a otras personas si están defendiendo su propiedad. Esto lleva a concluir que los gobiernos de estos países consideran que la propiedad privada es más importante que la vida de un ser humano y no sólo esto, sino que además es algo por lo que está permitido matar o ser asesinado. Para poner en perspectiva el valor que tiene la propiedad privada en el sistema legal y en la moral prevaleciente, hay que reflexionar cómo en la mayoría de los países occidentales las personas consideran radical que una persona mate a otra para defender una creencia religiosa, pero sigue siendo legal que una persona mate a otra para defender una propiedad; bajo esta perspectiva, la propiedad privada es más importante que la vida humana y que las creencias religiosas de una persona.

Aún en los países donde no es legal matar para proteger la propiedad privada, muchas personas en el mundo consideran que es correcto que unos pocos tengan muchos recursos económicos, tantos que ni siquiera tengan la capacidad de utilizarlos, mientras otros mueren de hambre por falta de recursos básicos o porque no pueden pagar tratamientos médicos. El sistema legal de casi todos los países considera que es correcto que algunas personas mueran por falta de recursos mientras que a otros les sobran.

Estoy seguro de que si supiéramos que una persona, o un grupo de personas pudieron haber salvado a un niño que se ahogaba en un lago, y no lo ayudaron, los consideraríamos crueles e inhumanos; pero por alguna razón, consideramos justo que algunas personas mueran de hambre, de desnutrición o porque no tienen dinero para pagar medicamentos o tratamientos para enfermedades curables, mientras otras tienen tantos recursos económicos que no podrían hacer uso de ellos en toda su vida.

En la mayoría de los países del mundo, el derecho exclusivo que pocos tienen sobre las propiedades y los recursos tiene más valor que la vida y la salud de muchísimos humanos.

¿Tú consideras que la propiedad privada es más importantes que la vida humana? ¿Por qué?

____
____
____
____
____
____
____
____
____
____
____
____
____
____

Muchas personas consideran que la vida que vale la pena ser vivida es una en que la mayoría de su tiempo, talento, esfuerzo, creatividad y energías son vendidas o dedicadas a producir dinero para aumentar los recursos económicos, las posesiones personales y la propiedad privada; o que es justo que se obligue a grandes sectores de la población a vender la mayor cantidad de su tiempo y energías, por medio de lo que llamamos trabajo, para conseguir lo mínimo indispensable para subsistir.

¿Tú consideras que la mejor vida a la que podemos aspirar los seres humanos es una en que vendemos la mayoría de nuestro tiempo, esfuerzo, inteligencia, talento y energía para obtener recursos económicos o propiedades? ¿Por qué?

____

____

____

____

____

____

____

____

____

____

____

____

____

____

____

____

En algunos países del mundo, si una persona es multada y no puede pagar la multa, la persona es encarcelada. En casi todos los países del mundo si una persona tiene una deuda que no puede pagar, es encarcelada.

¿Tú consideras que la propiedad privada tiene más valor que la libertad del ser humano? ¿Por qué?

____

____

____

____

____

¿Para ti qué tiene más valor, la vida del ser humano o la propiedad privada?

¿Para ti qué tiene más valor, la libertad del ser humano o la propiedad privada?

____

____

____

____

____

____

____

____

____

____

____

____

____

____

Si consideras que la propiedad privada es más importante que la vida y la libertad del ser humano, entonces este libro te parecerá algo extraño o cómico. En este libro no expondré los argumentos filosóficos que nos podrían llevar a concluir que la vida y la libertad del ser humano son más importantes que la propiedad privada. Sin embargo, antes de continuar, me gustaría dejarte con una pequeña reflexión:

Lo que determina que algo sea propiedad privada o no, es una ley de un gobierno que es reforzada por una fuerza policíaca o militar. Si tu decides que la propiedad privada es más importante que la vida y la libertad del ser humano, estas decidiendo que una ley de un gobierno que te permite retener ciertos derechos exclusivos y defenderlos con la violencia policiaca o militar es más importante que la vida y la libertad del ser humano. Esto significa que la ley y la capacidad tuya o del gobierno de reforzar esta ley con violencia es más importante para ti que la vida y la libertad humana.

Lo anterior nos lleva a las siguientes preguntas: ¿Consideras que toda la ley es más importante que la vida y la libertad del ser humano o consideras que sólo las leyes que tienen que ver con la propiedad privada?

____

____

____

____

____

____

____

____

____

____

____

Si consideras que la ley en general o incluso que sólo la ley de la propiedad privada es más importante que la vida y la libertad humana, también tienes que tomar en consideración que las leyes de hoy no son las mismas que las de hace cien, doscientos o mil años y no serán las mismas en cien, doscientos o en mil años. Las leyes evolucionan y cambian. Por ejemplo: dentro de las leyes que el Estado Nazi instituyó, era legal quitarle a los judíos su propiedad privada. Dentro de las leyes americanas de 1800, era legal que un hombre negro fuese propiedad privada de un hombre blanco. Si la ley es algo que cambia con el tiempo, si una ley que era considerada justa por quienes la legislaron hace uno o dos siglos hoy no la consideramos justa y hoy es ilegal, ¿consideras que las actuales leyes de propiedad privada pueden cambiar? Si no consideras que la ley deba de cambiar, entonces estás considerando que la ley actual es absoluta e infalible. Ahora piensa en lo que consideraban los reyes y nobles cuando las leyes les favorecían, lo que consideraban los Nazis con respecto a la propiedad de los judíos, o los esclavistas con respecto a la libertad y la vida delos negros. ¿No consideran ellos que las leyes que conocían y les favorecían eran las mejores y que los beneficios que obtenían gracias a esas leyes eran más valiosos que las vidas y las libertades de quienes no deseaban cumplir esas leyes? Si consideras que los Nazis y los esclavistas estaban equivocados aun cuando seguían la ley, ¿no será posible que tu defensa violenta de la propiedad privada también pueda estar equivocada aun cuando esté dentro de la ley? Si insistes en asegurar que los derechos exclusivos sobre una propiedad o un recurso que otorga la ley de un gobierno a unos individuos es más importante que la vida y la libertad de otros individuos, entonces surgen las siguientes preguntas:

¿Quién legisla para determinar qué es legal y qué no es legal? Y si lo que legislan estas personas es algo que vale más que la vida y la libertad de otros seres humanos. Si consideras que los derechos exclusivos que te da la ley son más importantes que la vida y la libertad de otros seres humanos, entonces estas considerando que las decisiones de los legisladores de tu gobierno son más importantes que la vida y la libertad de otras personas. Pero, quiénes son estos legisladores y cómo toman sus decisiones. En el libro Objetivocracia Democrática argumentamos sobre por qué el sistema de la democracia representativa por elecciones no es democrático y en realidad es opresivo y cómo todos los sistemas de gobierno que no son democráticos son opresivos. Si aceptas los argumentos en contra del sistema de organización política de la democracia representativa por elección, en contra de la monarquía, la aristocracia, la oligarquía, la tecnocracia y las dictaduras pero aceptas las leyes de propiedad privada que surgen de estos sistemas, entonces estás considerando que las leyes de propiedad privada legisladas dentro de un sistema que consideras opresivo e injusto valen más que la vida y la libertad de otros seres humanos. Esto quiere decir que para ti, las acciones y leyes que surgen de un sistema que consideras injusto y opresivo son justas y valen más que la vida y la libertad de otras personas.

Todo esto no necesariamente implica una abolición de la propiedad privada; pero al menos sí conlleva una reflexión de lo que significa, cómo llegamos a definirla, si es la última definición que consideramos qué debe de tener, o si podríamos redefinirla; qué tan importante es en nuestra escala de valores, si es más valiosa o no que la libertad y la vida del ser humano; y cómo llegaron a tener propiedad privada los que hoy la tienen.

CAPÍTULO 22

La legitimidad de quienes sostienen el poder económico

Si consideramos que la vida y la libertad del ser humano tienen más valor que los derechos exclusivos que unas personas tienen sobre ciertas tierras, recursos y objetos, entonces tendríamos que considerar ilegítimos los derechos exclusivos obtenidos por medio de la violencia que priva de la libertad o de su vida a seres humanos. Si la vida y la libertad están por arriba de los derechos legales exclusivos de usos, o sea de la propiedad privada, entonces tenemos que analizar la forma en que se obtienen y mantienen esos derechos exclusivos para determinar si los consideramos legítimos o no.

Si la vida y la libertad de los seres humanos son más importantes que la propiedad privada, entonces el primer requisito, no el único, pero sí el primero, para considerar que una propiedad es legítima, sería si se obtuvo y se mantiene sin uso de poder o violencia que priva de la libertad, amenaza o asesina a seres humanos. Esto quiere decir que si una propiedad o un recurso económico se obtuvó o generó por medio de la explotación de un ser humano, amenazando a un ser humano, privándolo de su libertad o, quitándole la vida, entonces ese recurso, producto, capital, etc. no puede ser considerado legítimamente como la propiedad de esa persona. Pues si para obtener o generar un recurso se tuvo que emplear el uso de la fuerza y el poder físico, se tuvo que hacer uso de la explotación, la opresión o el asesinato entonces no hay argumento para impedir que se utilice la opresión, la fuerza o el asesinato para quitar esos derechos exclusivos o redistribuir ese recurso.

No es consistente pedir que se respete la propiedad que se obtuvo y se generó por medio del asesinato, la opresión y la explotación. No es consistente considerar exigir que no se utilice la violencia para quitar una propiedad de quien la obtuvo mediante el uso de la violencia.

Por ejemplo: Si un mafioso o un sicario obtiene dinero extorsionando, robando y matando a personas, él no tiene derecho a exigir que otros respeten lo que él considera que es su propiedad; pues obtuvo esta propiedad por medios ilegítimos. La propiedad, aunque esté en su posesión, no puede ser considerada legítimamente suya pues para obtenerla robó, mató y extorsionó . Si el hijo de este mafioso utiliza el dinero mal ganado por su papá para iniciar un negocio y el hijo se esfuerza muchísimo y trabaja duro para hacer que el negocio sea exitoso, como el recurso inicial que permitió al hijo emprender el negocio venía del robo, la extorsión y el asesinato, el hijo no tiene derecho a reclamar la legitimidad de los recursos generados por el negocio. Pues el negocio sólo fue posible gracias al asesinato, la extorsión y el robo.

¿Consideras que el dinero que un ladrón obtuvo es legítimo y debería de ser respetado? ¿Consideras que el dinero que un mafioso o un sicario obtuvieron gracias al asesinato y la extorsión es legítimo y debería de ser respetado? ¿Consideramos que si el hijo del sicario invierte el dinero de su padre en un negocio y genera ganancias, ese dinero es legítimo y debería ser respetado?

Cualquier persona que considere que el ser humano no debería de ser asesinado u oprimido por fines económicos debe de concluir que la posesión de dinero provenientes del asesinato y la opresión no son legítimos, o al menos que no hay argumentos para impedir que se utilice la fuerza para quitar esos recursos de quien los generó gracias a la violencia, la opresión y el asesinato.

Si una persona tiene recursos económicos gracias a que sus antepasados utilizaron la fuerza, el asesinato, la opresión, la privación de la libertad, la extorsión y el robo para generar recursos que heredaron a sus descendientes, entonces los recursos de los descendientes son ilegítimos.

Esto quiere decir que todo el capital generado por cualquier descendiente de familias de nobles en cualquier parte del mundo es ilegítimo. Pues los nobles llegaron a ser nobles y mantuvieron su *status* gracias al uso de la fuerza, la guerra, el asesinato y la explotación.

Esto quiere decir que todo el capital generado por personas, empresas o países en una colonia es ilegítimo. Si los ciudadanos de un país en la actualidad disfrutan de prosperidad económica y esta prosperidad económica fue lograda gracias a que sus antepasados conquistaron, mataron, oprimieron y explotaron a los nativos de una colonia, su prosperidad económica es tan legítima con la del hijo o el nieto de un sicario. Bajo el mismo argumento, todo el capital que desciende de capital generado por personas, empresas y países que emplearon esclavos es ilegítimo.

Esto nos lleva a concluir que todo el capital generado en los países europeos que establecieron colonias es ilegítimo.

Esto también nos lleva a la conclusión de que todo el capital generado en los Estados Unidos de América es ilegítimo. Pues este país llegó a existir gracias al genocidio de su población original, su economía se generó gracias al uso de esclavos, y el gobierno de este país ha continuado haciendo uso de su poder militar y económico para oprimir a poblaciones en todo el mundo. Los que se benefician de la economía de Estados Unidos en estos momentos, se benefician de una bonanza económica generada gracias al genocidio de la población indígena y a la esclavitud de africanos.

Esto quiere decir que el dinero generado por los blancos en Latinoamérica, África y Asia es ilegítimo; y también el dinero generado por los mismos mestizos en estos continentes si utilizaron el sistema colonial para hacer sus fortunas.

El hijo de un ladrón no tiene derecho a pedir que no le quiten el dinero que su papá robó, o el dinero que él generó gracias a que pudo iniciar un negocio con el dinero que su papá robó.

Casi todo el capital generado en el mundo inició de una forma ilegítima, por lo que, no hay argumento legítimo para afirmar que ese capital debería de estar en las manos de quien está en este momento; por lo que, en la mayoría de los casos, no hay argumento legítimo para impedir la redistribución de la riqueza y los recursos.

Sólo una distribución pacífica y verdaderamente democrática de las riquezas y las propiedades puede ser considerada legítima por quien considera que la vida y la libertad del ser humano son más importantes que los derechos exclusivos de propiedad.

¿Consideras que es legítimo el dinero que generó un noble gracias al asesinato, la guerra, el sometimiento y subyugación de sus súbditos? ¿por qué?

¿Consideras que es legítimo el dinero que en estos momentos tienen los descendientes de estos nobles gracias a que sus antepasados robaron, mataron y oprimieron a otros seres humanos? ¿por qué?

____

____

____

____

____

____

____

¿Consideras que las tierras que tiene una persona gracias a que mató o expulsó a los pobladores originales son legítimamente suyas? ¿por qué?

____

____

____

____

____

____

____

¿Consideras que una persona que hereda tierras del que mató para obtenerlas tiene derecho a ellas? ¿por qué?

____

____

____

____

____

____

____

¿Consideras que si una persona heredó las tierras de un antepasado que hizo uso de la violencia para conseguir el derecho exclusivo sobre ellas, las vende, el nuevo dueño tiene uso legítimo sobre las tierras? ¿por qué?

¿Consideras que la riqueza una persona que se benefició y obtuvo oportunidades gracias a una economía que se desarrolló por medio de la esclavitud, el asesinato y la explotación es legítima? ¿por qué?

¿Consideras que los recursos que generaron los descendientes de quienes prosperaron gracias a la explotación, el asesinato y la esclavitud tienen derecho a pedir que se considere legítima su propiedad? ¿por qué?

¿Consideras que si los recursos económicos de una persona o de un país fueron generados gracias al asesinato, la explotación y la opresión, podría ser legítimo redistribuir esos recursos? ¿por qué?

CAPÍTULO 23

La herencia del poder

En las secciones anteriores del libro concluimos que quien tiene grandes cantidades de poder económico tiene el poder para determinar muchas de las circunstancias en las que van a vivir todos los seres humanos de una sociedad o incluso del mundo completo. El poder económico en algunos respectos tiene incluso más poder sobre las circunstancias y las vidas de los seres humanos que el poder político, e incluso el poder político muchas veces es limitado o subordinado por el poder económico.

Por otra parte, en la mayoría de los Estados del mundo, el poder militar en estos momentos es subordinado al poder político; por lo que podríamos afirmar que el poder militar, también está subordinado o responde al poder económico.

Ahora, surge una contradicción curiosa pues la mayoría de las personas que viven en democracias representativas por elecciones consideran que el poder político no debería de pasar de generación en generación, esto es, que el gobierno de un país no debería de ser heredado. La mayoría de las personas que vive en democracias representativas por elecciones considera que el poder militar no debería de ser heredado, que un general no debería de dar a su hijo el poder para comandar sus ejércitos. Sin embargo, la mayoría de las personas que vive en estas democracias considera que el poder que puede controlar y comprar a los otros poderes, esto es, el poder económico que puede controlar, limitar o comprar al poder político y al poder militar, sí debería de ser pasado de generación en generación.

Reflexionemos un momento:

¿Piensas que el poder político debería de ser pasado de generación en generación?
   1. Sí
   2. No

¿Piensas que el poder militar debería de ser pasado de generación en generación?
   1. Sí
   2. No

¿Consideras que el poder económico puede comprar o influir al poder político y al poder militar?
   1. Sí
   2. No

¿Piensas que el poder económico, y por lo tanto la posibilidad de influir o comprar poder político y militar, debería de pasar de generación en generación?
   1. Sí
   2. No

¿Por qué?

____
____
____
____
____
____
____
____
____
____
____

CAPÍTULO 24

El libre mercado y el gobierno

Uno de los argumentos más fuertes de quienes abogan por el sistema capitalista es que en un sistema de libre mercado las personas deciden libremente qué consumen y esto determina los precios de los productos y un aumento en la producción de lo que más se consume. Los promotores del capitalismo suelen argumentar que el libre mercado se regula a sí mismo y que la intervención del gobierno sólo puede dañar la economía, pues ajusta artificialmente los precios o la demanda. Sin embargo, estos promotores del capitalismo se olvidan que sin gobierno no existe el mercado capitalista. Pues todos los mercados actuales, toda la economía actualmente se mueve a través de *dinero fiat*. Dinero que emite un gobierno, que este gobierno exige para que se paguen impuestos y que la mayoría de los ciudadanos de ese gobierno aceptan como medio de intercambio para la compra y venta de productos y trabajo. El dinero en sí mismo no tiene valor; el dinero vale en la medida en que los integrantes de una economía estén dispuestos a intercambiarlo por productos, servicios, rentas y trabajo. Como el gobierno emite el dinero que es utilizado para intercambiar los productos, servicios, rentas y trabajo en una economía, el gobierno está completamente involucrado en el control de la economía del país. Sobre todo porque el gobierno tiene que regular la cantidad de dinero que está circulando.

El gobierno de cada país controla la cantidad de dinero que se encuentra en circulación en la economía y al controlar la cantidad de dinero, controla el valor y el flujo del dinero, el crecimiento económico y el desempleo. Por ejemplo, si crece la cantidad de productos en el mercado y/o la cantidad de personas en un país pero no crece la cantidad de dinero que se encuentra en circulación, se genera una deflación. Esto quiere decir que el dinero aumenta su valor con el tiempo, por lo que es más inteligente para los que tienen dinero que no lo gasten, pues su dinero valdrá mañana más de lo que vale hoy. Esto tiene como consecuencia que las personas no gasten su dinero, por lo que la economía se hace más pequeña, pues hay menos compra y venta de productos y se pierden empleos. Si esto sucede, se ven beneficiados los que tienen grandes cantidades de dinero acumulado, pues su dinero vale cada vez más; pero los que tienen que trabajar para ganar dinero pierden, pues al haber menos dinero en circulación y menos movimiento económico hay menos necesidad de tener a personas empleadas y trabajando, pues hay menos personas que quieren comprar productos o gastar en servicios. Por el contrario, si un gobierno imprime e inyecta más dinero a la economía que la cantidad de productos o servicios en el mercado, se genera inflación, esto quiere decir que el dinero comienza a perder valor día con día, por lo que lo más inteligente que se puede hacer con el dinero es gastarlo, porque mañana valdrá menos que hoy. Las personas gastan su dinero y esto aumenta el flujo de dinero en la economía, la compra y venta de productos; por lo que es necesario el trabajador que produce, el transportista y el vendedor, por lo que se generan más trabajos. En este caso pierden las personas que tenían grandes cantidades de dinero guardado, pues su dinero pierde valor día con día, pero ganan los que necesitan trabajar para ganar dinero pues crece la economía y por lo tanto la necesidad de personas trabajando. Sin embargo, si el gobierno inyecta mucho más dinero a la economía que la capacidad de producción y consumo del país, o lo inyecta en grandes cantidades y en poco tiempo, la economía completa se desestabiliza, pues de la noche a la mañana el dinero pierde muchísimo valor. Tan rápidamente puede perder el dinero su valor que el trabajador que recibía un salario fijo por su trabajo de pronto descubre que por su trabajo recibe la misma cantidad de dinero en números pero que con ese dinero puede comprar menos cosas, por lo que su trabajo le trae menos beneficios. Si se genera demasiada inflación muy rápidamente, pierde tanto la persona que tenía grandes cantidades de dinero acumuladas como el trabajador que recibe un sueldo fijo y los que determinan los precios de los productos, las rentas, los servicios y el trabajo ya no tienen un punto fijo sobre el cual basar el precio y los pagos.

La cantidad de dinero que hay en la economía depende de dos acciones que hace el gobierno: El dinero nuevo que inyecta a la economía por medio del sistema financiero o por medio del gasto público y el dinero que saca de la economía por medio del cobro de impuestos. Con estas acciones el gobierno influye en el dinero en circulación, por lo tanto el valor que el dinero tiene hoy y el que tendrá mañana, con esto estimula el gasto o el ahorro, con esto afecta al crecimiento económico o genera una recesión o depresión, y con esto determina qué sector de la población va a ganar y cuál perder con las medidas económicas; si ganan o pierden los que tienen grandes cantidades de dinero acumulado y viven de las rentas, si ganan o pierden los trabajadores que requieren un salario para subsistir o si todos pierden.

El gobierno no sólo tiene el poder para determinar la cantidad de dinero que está en circulación en una sociedad, sino que incluso la aparente ausencia de uso de este poder, la inacción, el no inyectar dinero nuevo a la economía, es una acción, que va a tener como resultado la deflación, la desaceleración económica y la pérdida de empleos. No inyectar más dinero en una economía que crece tiene como resultado estimular una recesión económica. Por lo que las decisiones del gobierno de inyectar nuevo dinero a la economía o no hacerlo, o la decisión de extraer dinero de la economía, en qué cantidades y en qué intervalos de tiempo, influyen todas las interacciones económicas de un país. Por lo que el gobierno está completamente involucrado en todas las transacciones económicas que se generan en su territorio. Mientras se utilice una moneda, dinero oficial de un país, el gobierno de ese país está siendo parte del factor que determina el precio de lo que se consume, se paga y se genera. Por lo que en realidad no existe un "libre mercado" sin intervención de gobierno. Corrección, de hecho sí existe, el libre mercado sí es posible cuando se hace uso del trueque para intercambiar productos o servicios que no fueron desarrollados en una propiedad privada. Pues tanto los derechos exclusivos sobre una propiedad como el valor del dinero son determinados por decisiones y acciones de los gobiernos.

Cuando el dinero oficial de un país es utilizado para una interacción económica, y cuando las leyes de propiedad privada, de exclusividad de derechos, son utilizadas para generar un producto, servicio, trabajo o renta involucrado en la interacción económica, no existe el libre mercado capitalista; toda la producción y todos los precios son resultado de las acciones del gobierno.

¿Cómo piensas que tu gobierno ha influido en la economía de tu país? ¿A quién ha beneficiado la influencia de tu gobierno en la economía de tu país?

CAPÍTULO 25

Sistema Mixto: Capitalismo y democracia representativa por elección.

Al inicio de este libro establecimos que el capitalismo no es un sistema democrático y no es un sistema que fomenta la libertad de todos los ciudadanos; sino que es un sistema autoritario que permite que algunos acumulen poder económico y lo utilicen a su discreción, y al hacerlo les permite controlar la economía de todos los integrantes de la sociedad, y por consecuencia les permite controlar una gran parte de la vida, el tiempo y las circunstancias de todos los ciudadanos. Posteriormente establecimos que la economía de la mayoría de los países del mundo no es 100% capitalista y que de hecho los gobiernos controlan ciertos aspectos de la economía. Además relacionamos a la propiedad privada con las decisiones políticas, por lo que llegamos a la conclusión de que todo sistema capitalista está completamente relacionado al sistema político, pues el sistema político es el que decide qué es, cómo y porqué la propiedad privada. Por lo que surge la pregunta:

¿Cuál es el sistema económico por el cual se rigen los Estados modernos?

Es uno mixto en que el gobierno tiene el control o influencia ciertos aspectos de la economía y establece el marco legal dentro del que operan los mercados capitalistas.

1. Los gobiernos controlan ciertos sectores de la economía por medio de los impuestos, la inversión pública, los servicios que brinda a sus ciudadanos, las leyes que determinan qué es propiedad pública y privada y los derechos que cada ciudadano tiene sobre ellas y el control del banco central quien imprime y saca de circulación dinero.

Por ejemplo: Los gobiernos pueden decidir que hay algunos servicios que no van a participar en el libre mercado, como la educación, el sistema de drenaje y el sistema de salud. Esto quiere decir que el gobierno se hace cargo de brindar a todos sus ciudadanos drenaje, sistemas de salud y educación, sin importar su capacidad económica. Los ciudadanos no pagan por estos servicios a otros ciudadanos o a compañías, sino que pagan impuestos para que el gobierno se haga cargo de brindar estos servicios a todos los ciudadanos, sin importar que algunos tengan más dinero o paguen más impuestos que los otros. En un sistema 100% capitalista, los gobiernos no brindan ningún servicio a sus ciudadanos.

2. El gobierno establece el marco legal dentro del que operan los mercados y los ciudadanos por medio de leyes y regulaciones que todos los que participan en actividades económicas deben de seguir. Esto quiere decir que los gobiernos establecen ciertas reglas que todos los integrantes de la sociedad tienen que respetar para poder participar en el mercado capitalista. Estas leyes van desde qué es considerado propiedad privada, qué se puede hacer con esa propiedad privada, hasta regulaciones al sector privado como leyes de protección a los trabajadores, a los consumidores, al medio ambiente, leyes que limitan los monopolios, leyes aduanales, la prohibición de la compra y venta de algunos productos o recursos y tratados de comercio, etcétera.

Por ejemplo: El gobierno establece el salario mínimo, las horas máximas de trabajo, las condiciones de seguridad de los trabajadores y la edad mínima para trabajar; por lo que todas las compañías o personas que desean operar en el país tienen que seguir las mismas reglas, contratando mayores de edad, pagando un salario mínimo, brindando ciertas seguridades, etc.. En este Estado, todas las compañías pueden competir entre sí, siempre y cuando todas cumplan las leyes que regulan sus actividades. Todas las compañías compiten entre sí, producen y venden dentro de lo que las leyes del Estado permiten.

Esto quiere decir que los sistema económicos y políticos van de la mano y que en el ámbito político se toman decisiones que definen el ámbito económico. Esto quiere decir que, al menos en teoría, el poder político está arriba del poder económico pues determina el marco legal dentro del que se mueve el poder económico. Lo que tenemos en este momento en casi todos los países del mundo son sistemas mixtos en donde parte de la economía es controlada al 100% por un gobierno mientras otra parte de la economía funciona utilizando las reglas del mercado dentro de un marco legal político. Pero ¿quién toma las decisiones de qué aspectos de la economía va a controlar o influir en el gobierno y con qué propósito?

Las decisiones de los gobernantes y las leyes de un país influyen y determinan los derechos y las obligaciones de los ciudadanos incluso en el ámbito económico. ¿Quiénes toman estas decisiones que afectan la economía y la vida de todos los ciudadanos de tu país?

Teóricamente en una democracia el gobierno está en manos del "pueblo", esto quiere decir que los ciudadanos mismos toman las decisiones acerca de qué aspectos de la economía van a ser influidos y controlados por el gobierno y cuáles van a estar a disposición del mercado. Sin embargo, la mayoría de los países del mundo se organizan bajo el sistema político de la democracia representativa por elección y por lo tanto no son verdaderamente democráticos. Pues la democracia representativa por elección no es un sistema verdaderamente democrático, es un sistema en que pocos tienen el poder y toman todas las decisiones y, además, es un sistema ineficiente que polariza y divide a la sociedad, por lo que el resultado es una mezcla de un sistema político que no es democrático con un sistema económico que tampoco es democrático, por lo que las circunstancias en las que viven y se desarrollan la mayoría de los ciudadanos de los países supuestamente democráticos, son decididas por los que tienen poder político y los que tienen poder económico.

Advertencia:

Este libro es una continuación de las ideas, argumentos y críticas presentadas en "Objetivocracia Democrática", donde presentamos los argumentos que nos llevan a concluir que la "democracia representativa por elección", no es un sistema verdaderamente democrático; y presentamos los argumentos a favor de la "Objetivocracia Democrática". En el presente libro no entraremos a detalle en los argumentos en contra del sistema de la "democracia representativa por elección" ni daremos los argumentos políticos a favor de la "Objetivocracia Democrática". Si no has leído la "Objetivocracia Democrática", te recomiendo detener la lectura de este libro, leer aquel, y al terminarlo, regresar a este punto de la lectura.

CAPÍTULO 26

Resumen de la crítica a la Democracia Representativa por Elecciones:

La democracia representativa por elecciones no es un sistema realmente democrático, es un sistema opresivo, además, es un sistema ineficiente, que polariza y divide a la sociedad.

La democracia representativa por elección es un sistema que:

1. El representante electo no representa a todos los ciudadanos, por lo que puede ignorar, trabajar en contra de los intereses, y oprimir a los que no votaron por él.

2. Los representantes no representan en todo a sus representados. Un representante puede representar a su electorado en un sólo tema y actuar en contra de sus intereses en muchos otros temas.

3. Los representantes suelen balancear sus propios intereses con los de sus partidos, los grupos que les permiten estar en poder y los de su electorado.

4. Los candidatos y partidos suelen polarizar a la sociedad destruyendo el tejido social al satanizar y condenar a la oposición y a los que votan por la oposición.

5. Los candidatos y partidos no tienen que representar ni siquiera a su electorado, sólo tienen que pedirle que voten por ellos para protegerse de la oposición.

6. Los representantes son seres humanos limitados y una equivocación de ellos afectará a toda la sociedad a la que gobiernan.

7. Los ciudadanos se ven forzados a elegir entre las opciones que los partidos les presentan. Por lo que no todos los ciudadanos "valen" lo mismo, ni tienen el mismo poder dentro en un sistema de democracia representativa por elección. Los miembros de los partidos que votan por el candidato del partido tienen más "valor" que los que solo pueden votar por las opciones que los partidos les dan.

8. El sistema de la democracia representativa por elección es uno altamente ineficiente pues cada gobierno electo puede eliminar los avances logrados por la administración pasada; y porque estimula a los gobernantes y representantes a trabajar por resultados a corto plazo.

9. La separación de poderes puede hacer que el representante de una localidad no pueda trabajar por los intereses y objetivos de sus representados.

10. Una vez que se elige un gobierno, algunos, o todos los ciudadanos pierden su derecho a participar. Para que existan representantes, los representados tienen que estar ausentes. Es un sistema en que los representantes gobiernan y los representados son gobernados.

CAPÍTULO 27

Conclusión sobre el capitalismo y la democracia representativa por elección

Los sistemas bajo los que nos regimos en este momento no son democráticos ni en la política ni en la economía.

Vivimos en un sistema donde las personas con mayor poder económico influyen en la política de los países para establecer leyes y reglas que les favorezcan y protejan sus privilegios y derechos exclusivos y en que los que ganan poder político mediante elecciones utilizan este poder para favorecerse a sí mismos y a quienes los ayudan a mantenerse en el poder. El poder económico depende de las leyes que el poder político establece, pero el poder político está restringido en sus acciones por el poder económico. Dando como resultado un sistema en que pocos sostienen todo el poder dentro de una sociedad y que estos pocos toman decisiones que afectan a absolutamente todos los miembros de la sociedad y controlan o influyen las circunstancias en las que viven y se desarrollan todos los miembros de la sociedad. Esto quiere decir que las personas con más poder político y las personas con más poder económico toman todas las decisiones que afectan la economía y la vida de todos los miembros de la sociedad.

Aunque el sistema político determina el marco legal dentro del cual opera la economía de un país, en la mayoría de los países del mundo, quienes tienen poder económico pueden influir en los que tienen poder político para modificar las leyes. En casi todos los países del mundo la combinación del sistema político de la democracia representativa por elección y el sistema económico del capitalismo da como resultado un sistema en que la mayoría de los ciudadanos viven en circunstancias políticas y económicas sobre las que no tienen control o injerencia, un sistema donde grupos de pocas personas con poder toman las decisiones que afectan las vidas de todos los miembros de la sociedad, inclusive las vidas de todos los seres vivos del planeta; en que pocas personas toman las decisiones que determinan qué oportunidades y posibilidades habrá disponibles para cada sector de la población; en que pocas personas tienen el poder para determinar las reglas y las circunstancias en las que van a vivir, y los objetivos por los que se van a esforzar todos los miembros de la sociedad. El 10% de las personas del mundo que controlan el 80% de los recursos del planeta, tienen el poder para influir en la economía y la política que determinan las circunstancias en las que vive el 90% de la población del planeta.

El sistema capitalista no es democrático y fomenta la explotación y opresión del que menos tiene por quien más poder económico tiene. El sistema representativo por elección no es democrático, fomenta la polarización y desintegración de la sociedad, es el gobierno de algunos políticos sobre todos los ciudadanos. La combinación de ambos sistemas da como resultado un sistema que pretende ser democrático y proteger las libertades de todos los ciudadanos, pero que en realidad no es democrático, y unos pocos por medio del proceso de elecciones y otros por medio de la herencia o la explotación y el control exclusivo de recursos, propiedades y de los mercados logran acumular más poder que los demás integrantes de la sociedad y pueden utilizar este poder para determinar o influir todas las circunstancias en las que se van a desarrollar todos los ciudadanos y seres vivos de un país; determinado o influido desde las oportunidades laborales, la salud y la seguridad física, hasta la educación, recreación y alimentación disponible para cada sector de la población.

Si eres una persona que considera que si una decisión te afecta a ti, tú deberías de estar involucrado en la toma de la decisión; y si consideras que la libertad de todos los miembros de una sociedad debe de ser protegida del abuso de las personas con más poder, entonces eres una persona que no puede estar de acuerdo con el sistema mixto del capitalismo y las democracias representativas por elecciones. Si estás a favor de la democracia y la libertad, entonces no puedes estar a favor del capitalismo ni de la democracia representativa por elección, ni de la combinación de ambos sistemas.

¿Estás de acuerdo? ¿Tienes una razón para pensar que la combinación del capitalismo con la democracia representativa por elección es un sistema realmente democrático? ¿Tienes una razón para pensar que el sistema capitalista sí es democrático y fomenta y protege la libertad de todos los ciudadanos?

CAPÍTULO 28

Capitalismo y eficiencia

Una de las defensas que más se hacen al capitalismo es que es el sistema más eficiente. Ante esta aseveración, hay que preguntarnos, ¿eficiente para qué?

¿Eficiente para satisfacer las necesidades de todos los miembros de la sociedad?
¿Eficiente para sacar a los pobres de la pobreza?
¿Eficiente para brindar los servicios básicos a todos los ciudadanos?
¿Eficiente para reducir la desigualad?
¿Eficiente para generar oportunidades para todos?

El capitalismo es un sistema altamente eficiente para lograr un solo objetivo, generar la mayor ganancia posible a los que sostienen el capital o el poder económico. Para todo lo demás, el capitalismo es un sistema ineficiente. El capitalismo no es el mejor sistema para resolver crisis sociales o medicas, para erradicar la pobreza, para satisfacer las necesidades básicas de todos los seres humanos, para estimular el desarrollo humano de todos los integrantes de una sociedad, y no es el mejor sistema para resolver una crisis climática como a la que nos enfrentamos en este momento.

El capitalismo es un sistema en el que la eficiencia se mide de acuerdo a la relación entre la inversión económica y las ganancias económicas, por lo que en el capitalismo no entra a consideración el medio ambiente, la salud y las necesidades básicas de todos los humanos, la libertad y oportunidades de todas las personas, etc. El capitalismo es eficiente para generar ganancias económicas para los que sostienen el capital, cualquier beneficio extra que genera una transacción económica es un efecto secundario o un lastre a la eficiencia capitalista.

En el sistema capitalista es eficiente no brindar servicio de agua y drenaje a las poblaciones más pobres que no podrán pagar mucho por el servicio.

En el sistema capitalista es eficiente no brindar educación gratuita de calidad a los niños cuyos padres no pueden pagar mucho por su educación.

En el sistema capitalista es eficiente tener el mínimo de inventario de medicamentos o material medico en un hospital. Guardar inventario medico en el hospital para emergencias implica una inversión que posiblemente no tendrá beneficio económico.

Por otro lado el sistema esclavista también es eficiente para generar ganancias, sin embargo, como humanidad, hemos llegado a la conclusión consensuada de que la libertad humana es más importante que el crecimiento económico de unos pocos, por lo que erradicamos la esclavitud. Eficiencia para que unos pocos ganen más que todos los demás no debería de ser un punto de venta en un mundo que aspira a la libertad y el desarrollo de todos los humanos.

¿Qué es más importante, la eficiencia para generar ganancias o la libertad, los derechos humanos, el medio ambiente, las necesidades básicas de todos los integrantes de la sociedad, la educación, el desarrollo humano?

CAPÍTULO 29

¿Qué sigue?

Las sociedades no iniciaron organizándose con el sistema de la democracia representativa por elección ni por medio del capitalismo. La forma en que las sociedades se han organizado de forma política y económica han cambiado y evolucionado; si tú actúas, si tú decides ser libre, no dejar que otros controlen todas tus circunstancias, si tú decides no oprimir y limitar las libertades y posibilidades de otros seres humanos, podemos cambiar el sistema actual por uno realmente democrático; en el que nadie te oprima; en el que no tengas miedo cada elección que pueda ganar un inepto, un corrupto, alguien que trabajará en contra de tus intereses o un opresor; en el que no tengas miedo de que la empresa en la que trabajas mueva sus oficinas o sus fábricas a otro país y te deje a ti y a muchos otros sin trabajo; un sistema en el que tú seas parte del proceso de decisión y construcción del mundo en el que vas a vivir, de las circunstancias que te rodean y en las que te desarrollas y a las que te enfrentas. Tienes que decidir, te quedas con el sistema actual, o te unes al proceso de cambiar de sistema.

Decide ¿Democracia representativa por elección y capitalismo, o verdadera democracia y libertad?

Pero ¿Cómo sería un sistema social, político y económico realmente democrático?

Lo más importante, el primer paso para poder evolucionar y cambiar de sistema es reconocer que el que tenemos en este momento no es uno democrático que protege nuestras libertades o que aumenta nuestras posibilidades y oportunidad de forma equitativa. Si tú reconoces y aceptas que ni el capitalismo ni la democracia representativa por elección son sistemas democráticos; que son sistemas que permiten que el poder se concentre en pocas manos y que permite que los que tienen poder determinan todas las circunstancias, las posibilidades y oportunidades en las que van a vivir y en las que se van a desarrollar todos los miembros de la sociedad. Si rechazas ser gobernado y gobernar, si rechazas ser oprimido y oprimir. Entonces podemos pasar a la siguiente pregunta. ¿Cómo podría ser un sistema verdaderamente democrático tanto en lo político como en lo económico?

No tiene porque haber una forma única por medio de la cual se organizan todas las sociedades y la transición del sistema actual a sistemas verdaderamente democráticos no tiene que ser una violenta, ni una tan lenta que se requiera que pasen generaciones completas para poder efectuar el cambio. El cambio inicia con el reconocimiento de los problemas actuales, con la búsqueda de soluciones, con discusiones sobre posibles soluciones y con la organización de personas que buscan un mismo cambio en el sistema. Por lo que te recomiendo y te pido que platiques de estos temas con todas las personas con las que puedas, discute, debate, lee más, infórmate y organízate con personas a tu alrededor para encontrar la forma en que puedan cambiar el sistema. A continuación propongo sólo una de tantas formas en que se puede cambiar el sistema.

CAMBIO DE SISTEMA

Para que una sociedad sea realmente democrática y respete y fomente la libertad de todos sus integrantes, se tiene que hacer una reforma política y económica al mismo tiempo. Pues si se hacen reformas económicas, se limita o elimina el capitalismo y se le da más poder económico al Estado, los gobernantes controlan totalmente todos los aspectos y circunstancias en las que viven los ciudadanos, y como los sistemas políticos actualmente no son democráticos, el resultado sería que los políticos tendrían aún más poder sobre los ciudadanos, dando lugar a sistemas aún más opresores y autoritarios que los que se tienen en la actualidad. Si el sistema político cambia pero se genera una economía 100% capitalista, o las decisiones políticas están sujetas y limitadas por las personas que tienen poder económico, entonces la democracia estará subordinada al capitalismo y por lo tanto subordinada a las personas con más poder económico.

Para lograr establecer una sociedad verdaderamente democrática, en que todos los integrantes de la sociedad mantengan el mismo poder para tomar las decisiones que afectan a todos los integrantes de la sociedad, en que la estructura social proteja a todos los individuos del abuso de poder, y en que la sociedad genere más libertades, posibilidades y oportunidades para sus integrantes, se tienen que implementar cambios estructurales tanto a nivel político como a nivel económico.

En el libro "Objetivocracia Democrática" presentamos un sistema político bajo el que se puede organizar una sociedad de forma verdaderamente libre y democrática. El mismo principio de la objetivocracia democrática también puede funcionar para el sistema económico.

La economía de una Objetivocracia Democrática

El principio básico de la economía de una Objetivocracia Democrática es que las decisiones y las acciones políticas y económicas que afectan a todos los integrantes de la sociedad están en manos de todos los integrantes de la sociedad. Esto implica que todos los ciudadanos toman las decisiones y realizan las acciones que influyen o determinan la política y economía de la sociedad. Para que todos los ciudadanos puedan tomar efectivamente las decisiones económicas, el poder económico no puede estar desproporcionadamente en las manos de unos pocos y el poder económico no puede transformarse en poder político ni ser utilizado para controlar las circunstancias de todos los ciudadanos.

Cada sociedad que organiza su economía por medio del sistema de la Objetivocracia Democrática debe de tomar tres tipos de decisiones económicas:

1. ¿Qué partes de la economía, servicios, productos, mercados serán controladas por la sociedad y qué partes serán de carácter privado?

2. ¿Cómo se limitará el poder económico?

1. Qué leyes y regulaciones existirán para permitir, fomentar, limitar y regular la iniciativa privada.

2. Qué leyes y regulaciones existirán para limitar la acumulación de poder económico en pocas manos y la explotación u opresión de los que menos poder económico tienen por los que más tienen.

3. ¿Cómo se van a ampliar las oportunidades, posibilidades y libertades de los integrantes de la sociedad?

Los ciudadanos de una Objetivocracia Democrática tendrán que encontrar la mejor forma para que unidos puedan tomar las decisiones de qué corresponde a lo público y qué a lo privado, cómo se limitará y controlará el poder económico y cómo se ampliarán las oportunidades y las libertades de todos los ciudadanos. Para que la sociedad sea lo más democrática posible y exista la menor cantidad de opresión posible, es recomendable que para contestar a las preguntas anteriores se utilice la Democracia por Promedio.

En la actualidad, las personas con más poder económico y más poder político de cada país toman las decisiones que determinan todos los aspectos políticos y económicos de la sociedad. En cada país, los que tienen más poder económico y los que tienen más poder político deciden cuáles serán los objetivos económicos del país, usualmente sus objetivos son el crecimiento económico, con un beneficio desproporcionado para quienes toman las decisiones y los que tienen mayor poder económico. Los gobiernos de todo el mundo determinan qué servicios públicos y de qué calidad estarán disponibles para todos los ciudadanos. Los gobiernos de todo el mundo determinan qué productos son subsidiados y cuales están sujetos a tarifas de importación.

Así como existen distintas formas en que se aplica el sistema mixto de la democracia representativa por elección con el capitalismo, existen muchas formas en que se puede conjugar el aspecto político de la Objetivocracia Democrática con su aspecto económico. A continuación expondremos sólo una de tantas formas en que se puede democratizar la economía y en que se puede organizar por medio de la objetivocracia.

La diferencia principal entre el sistema económico actual y la economía de una Objetivocracia Democrática es que las decisiones y las acciones se quitan de mano de los que tienen más poder económico y de los políticos gobernantes y se ponen en la mano de todos los ciudadanos; que, mediante el uso de la democracia por promedio, eligen los objetivos de la sociedad y toman decisiones sobre la economía de la sociedad, y por medio del veto, las licitaciones y contratos colectivos, toman en sus manos el control del sistema de organización social, política y económica de su sociedad.

CAPÍTULO 2

Los principios de la Objetivocracia Democrática

Cada sociedad puede desarrollar su propio estilo de Objetivocracia Democrática, pero los principios básicos son:

1. Los ciudadanos eligen los objetivos de la sociedad utilizando la democracia por promedio.

2. Los ciudadanos eligen de forma democrática qué parte de la economía, de los recursos, servicios y productos son propiedad y controlados por la sociedad en conjunto y qué parte de ellos son controlados y propiedad de los ciudadanos de forma privada.

3. Los ciudadanos eligen de forma democrática la cantidad de desigualdad permitida dentro de la sociedad.

4. Los ciudadanos eligen en conjunto lo que cada ciudadano tiene que aportar para lograr los objetivos de la sociedad (impuestos, tiempo, trabajo, etc.).

5. Los ciudadanos que lo deseen tienen la posibilidad de proponer proyectos, acciones y contratos colectivos para que sean financiados por los recursos de la sociedad para lograr los objetivos de la sociedad.

6. Los ciudadanos que no deseen trabajar por los objetivos de la sociedad pueden dedicarse a las actividades productivas de su

elección siempre y cuando cumplan con todos los contratos colectivos de la sociedad. Esto significa que dentro de las circunstancias generadas por la sociedad, cada persona puede decidir el dedicar su tiempo, talento y esfuerzo para un proyecto social que persiga los objetivos de la sociedad, o para un proyecto personal.

7. Los ciudadanos pueden formar compañías, y proyectos personales, pero estos tienen que funcionar de forma democrática. Se eliminan todas las estructuras políticas, sociales y económicas opresivas y que depositan demasiado poder en pocas manos.

8. Los ciudadanos eligen de forma democrática los derechos laborales y prestaciones mínimas que tienen todos los miembros de la sociedad.

La Objetivocracia Democrática debe de distribuir el poder económico y político entre todos los ciudadanos pero al mismo tiempo permitirles la opción de involucrarse en la medida en que deseen en los asuntos públicos y dedicarse en la medida en que lo deseen a proyectos privados. Este sistema busca proteger y expandir las libertades, posibilidades y oportunidades de todos los ciudadanos mientras limita el poder económico, militar y político para que no se acumule en pocas manos y no pueda ser utilizado para oprimir o controlar a toda la sociedad.

Cada sociedad tendrá que decidir qué aspectos de la economía van a ser controlados por la sociedad en conjunto y qué aspectos van a ser regulados pero no controlados.

Por ejemplo: Una sociedad puede decidir que la educación, la salud, la electricidad, el agua potable, el servicio de drenaje, la infraestructura de calles, presas, carreteras, etc., y ciertos productos alimenticios serán controlados 100% por la sociedad en conjunto; mientras que todos los otros sectores de la economía y los otros servicios pueden ser desarrollados por ciudadanos y empresas de forma privada mientras cumplan con ciertos lineamientos decididos por medio de la elección de objetivos como pueden ser la protección del medio ambiente la protección de los trabajadores etc..

CAPÍTULO 3

Resumen de propuesta de Objetivocracia Democrática

Antes de continuar a proponer el sistema económico de la Objetivocracia Democrática, daremos un pequeño resumen del sistema político de la Objetivocracia Democrática:

En su forma más simple, sin aplicación particular (pues incluso la Objetivocracia Democrática podrá aplicarse de distintas formas), la Objetivocracia Democrática es un sistema en el que los miembros libres de una sociedad, eligen democráticamente los objetivos de su sociedad. Todas las acciones y leyes de la sociedad son diseñadas para lograr los objetivos elegidos por los ciudadanos y juzgadas de acuerdo a sus resultados.

Lo primero que se tiene que entender de la Objetivocracia Democrática es que los miembros de la sociedad eligen democráticamente los objetivos por los que se van a esforzar juntos; la razón por la que desean estar unidos como sociedad; los objetivos pueden ser las circunstancias en las que desean vivir; pueden ser las oportunidades que desean generar; pueden ser proyectos en conjunto que desean emprender; pueden ser los beneficios que desean recibir por ser parte de la sociedad; puede ser el mundo que desean desarrollar y construir para sí mismos y para todos los miembros de la sociedad.

La Objetivocracia Democrática es el gobierno de los objetivos elegidos de forma democrática. Puede haber distintas formas de organizar una

Objetivocracia Democrática, pero lo más importante de este sistema es que:

1. Los ciudadanos eligen democráticamente los objetivos de la sociedad.

2. Los objetivos se convierten en métricas claras y medibles sobre las cuales se desarrollan y evalúan todas las acciones de la sociedad. Cada acción, contrato colectivo (ley), debe de buscar alcanzar un objetivo y sus resultados serán juzgados de acuerdo a los objetivos de la sociedad.

3. Las acciones de la sociedad son llevadas a cabo, (ejecutadas) por los mismos ciudadanos quienes proponen a los otros ciudadanos contratos colectivos, proyectos o acciones para alcanzar o lograr un objetivo. Estas propuestas son evaluadas de acuerdo a los objetivos y posteriormente sus resultados serán juzgados de acuerdo a los objetivos de la sociedad.

4. No existen elecciones de representantes ni gobernantes. No existen gobernantes ni personas con demasiado poder político. La organización y administración de la sociedad es llevada a cabo por asambleas de ciudadanos elegidos por sorteo.

CAPÍTULO 4

La Democracia por Promedio

Existen muchas formas en que se pueden organizar elecciones democráticas, pero casi todas ellas involucran que una parte de la sociedad pierda y se vea oprimida por otra parte de la sociedad, generando dictaduras de las mayorías o de las minorías; para evitar cualquier tipo de opresión y que el resultado de la elección democrática sea unificador y no polarizante y divisor, el mejor método de elecciones democráticas es la Democracia por promedio.

La Democracia por promedio es el método mediante el cual se promedian las elecciones de todos los ciudadanos. Esto implica que las preguntas y las decisiones a las que se enfrentan los ciudadanos no deben de ser binarias, y aunque esto no es posible siempre, utilizando un poco de inteligencia y creatividad podemos encontrar que casi todas las preguntas económicas y políticas se pueden presentar de tal forma en que se pueden promediar las respuestas. El empleo de la democracia por promedio tiene como objetivo encontrar lo que une a todos los ciudadanos, encontrar los puntos en los que están de acuerdo y permitirles que sus opiniones opuestas no generen un ganador o un perdedor sino un punto medio. En una democracia por promedio los ciudadanos eligen y las elecciones de todos y cada uno de ellos son promediadas para obtener la elección de toda la sociedad.

Seguramente existirán muchas fórmas en que se pueda desarrollar este concepto, la más sencilla implica que cada ciudadano asigne un porcentaje a cada respuesta y que los porcentajes de todos los ciudadanos sean promediados para encontrar el promedio de la sociedad. Más adelante pondremos ejemplos claros del sistema por promedio.

CAPÍTULO 5

Estructura de la Objetivocracia Democrática

A continuación exploramos una de las muchas formas en que se puede organizar una Objetivocracia Democrática. Esta forma de organización social es una combinación de:

1. La Democracia por Promedio para elegir los objetivos de la sociedad.

2. La Democracia Directa y Participativa para involucrar a los ciudadanos en todas las acciones de la sociedad por medio de licitaciones abiertas.

    1. Las acciones que usualmente corresponden a los gobiernos son realizadas por los ciudadanos quienes aplican a licitaciones para poder realizar una acción o proponer una contrato colectivo (ley) para lograr los objetivos de la sociedad. En lugar de que los gobiernos ejecuten, los ciudadanos proponen proyectos para lograr los objetivos de la sociedad.

3. La Democracia por Sorteo para asignar asambleas de ciudadanos que tomen decisiones a partir de los objetivos elegidos por todos los ciudadanos.

1. Una asamblea es la encargada de recibir las licitaciones y de decidir cuál se aprueba y cuál no. Otra asamblea evalúa los procesos de selección y juzga los resultados de las licitaciones de acuerdo a los resultados proyectados por cada licitación y de acuerdo a los objetivos de la sociedad.

4. La Democracia Directa para vetar una decisión de las asambleas.

    1. Los ciudadanos pueden juntar firmas o votar en contra de una decisión de las asambleas para bloquear o vetar esa decisión.

5. La democracia Directa y Participativa para modificar propuestas de las asambleas y las licitaciones.

    1. Los ciudadanos pueden participar para pedir modificaciones a las propuestas de las asambleas y las licitaciones.

6. El principio democrático de la organización horizontal.

    1. Los objetivos de la sociedad son determinados a través del promedio de los objetivos de todos los ciudadanos, por lo que no existen ciudadanos con más poder para determinar los objetivos de la sociedad completa.

    2. Las acciones para lograr los objetivos de la sociedad son financiadas por la sociedad completa y realizadas por los mismos ciudadanos.

    3. Los miembros de las asambleas de ciudadanos que toman las decisiones de qué proyectos se van a financiar y llevar a cabo son elegidos por sorteo entre la sociedad misma.

    4. Las decisiones de las asambleas pueden ser revocadas o vetadas por los ciudadanos.

5. Las mismas asambleas pueden ser revocadas por los ciudadanos, por lo que el poder está distribuido de forma horizontal en la sociedad.

Existen muchas formas en que se puede organizar una sociedad combinando los distintos principios democráticos, a continuación presentamos sólo una de tantas formas.

En una Objetivocracia Democrática el concepto de gobierno desaparece para dar lugar a administraciones, pues nadie es gobernado. Cada administración está compuesta por:

1. La escala de objetivos regidora

2. La asamblea y los comités de administradores

3. Los licitantes

4. La asamblea y los comités de auditores

5. Todos los ciudadanos

1.   La escala de objetivos.

Este es el concepto más importante, la base y el fin por el que se esfuerza cada administración y la razón de ser de la sociedad. Cada individuo dentro de la sociedad establece lo que busca de su sociedad por medio de su escala de objetivos personal y el promedio de los objetivos de todos los ciudadanos se convierte en la escala de objetivos de toda la sociedad.

Con respecto a la escala de objetivos se generan todas las acciones de la administración en turno. Con respecto a esta escala de objetivos, la administración en turno será juzgada por la asamblea de auditores y los ciudadanos. La escala de objetivos determina qué es lo que los ciudadanos están buscando obtener de su sociedad, las circunstancias en las que desean vivir y las oportunidades que desean generar.

Existen muchas formas en que se pueden generar las escalas de objetivos individuales y en que se pueden obtener las escalas de objetivos de la sociedad completa, a continuación presentaremos solamente una de tantas posibilidades.

Proceso de selección de objetivos por promedio:

1. Cada ciudadano tiene 100 puntos para asignar a sus objetivos positivos y -100 para asignar a objetivos negativos.

    1. Los objetivos positivos son los objetivos que el individuo busca que su sociedad tenga, que sean la guía de su sociedad. Las circunstancias que desea generar con su sociedad; las oportunidades, posibilidades y libertades. Los beneficios que desea obtener por ser parte de la sociedad.

    2. Los objetivos negativos son las cosas que el individuo desea que su sociedad no tenga, que desea que su sociedad combata, o que desea que su sociedad deje atrás.

2. Cada ciudadano asigna un porcentaje de estos 100 puntos a los objetivos que dese. Por ejemplo:

    Educación gratuita: 30 puntos
    Seguridad: 30 puntos
    Derechos humanos: 10 puntos
    Crecimiento económico: 10 puntos
    Igualdad económica: 10 puntos
    Protección del medio ambiente: 5 puntos
    Seguro social: 5 puntos

3. Los individuos también pueden desarrollar subcategorías, para dar sus puntos a una subcategoría dentro de una categoría mayor. De esta forma une su objetivo a los de los otros ciudadanos y lo hace un poco más específico.

4. Los objetivos con sus respectivos porcentajes son recibidos por el organismo electoral, y se obtiene un promedio entre todos los objetivos de todos los ciudadanos para obtener una escala de objetivos. El promedio de todos los objetivos elegidos por cada individuo establece los objetivos de la sociedad completa. Esto es, los objetivos de la sociedad son el promedio de los objetivos de los integrantes de la sociedad.

Ejemplo persona 1:
Educación:
Educación primaria gratuita: 20
Educación secundaria gratuita: 10
Total a educación: 30 puntos

Ejemplo persona 2
Educación:
Educación primaria gratuita: 10 puntos
Educación secundaria gratuita: 10 puntos
Educación superior: 10 puntos
Educación continua: 10 puntos
Total a educación: 40 puntos

Promedio de los objetivos individuales que generan los objetivos de la sociedad:
Total educación: 35 puntos
Total educación primaria gratuita: 15 puntos
Total educación secundaria gratuita: 10 puntos
Total educación superior: 5 puntos
Total educación continua: 5 puntos

2. Asambleas y comités de administradores:

El primer cuerpo de la organización de la sociedad es la Asamblea de Administradores, esta asamblea está dividida en comités que se dedican a temas y proyectos específicos. Toda la asamblea es la encargada de administrar los recursos económicos de la sociedad de acuerdo a la escala de objetivos. Dentro de las asambleas se forman comités que son asignados a temas específicos. Estos comités presentarán a toda la asamblea sus conclusiones y propuestas, la asamblea completa puede aprobar o rechazar una propuesta de un comité, si se aprueba una propuesta, los comités presentan a los ciudadanos las propuestas para que todos tengan oportunidad de generar modificaciones o de vetar las propuestas.

Los miembros de la Asamblea de Administradores son seleccionados por sorteo.

Las funciones de los administradores son:

1. Recaudación de impuestos o aportaciones de particulares y de empresas a la sociedad.

2. Inversión de los recursos de la sociedad de acuerdo a la escala de objetivos.

    1. Cada objetivo de la escala de objetivos tiene un porcentaje de los puntos que recibió. Cada objetivo recibe el porcentaje de los fondos del erario público proporcional al porcentaje de puntos que recibió. Si un Objetivo tiene 10 puntos, recibe el 10% del erario público para financiar licitaciones diseñadas para alcanzar ese objetivo.

3. Licitar los fondos públicos de acuerdo a la escala de objetivos. Los administradores no legislarán y no realizarán acciones concretas. Los administradores abrirán licitaciones y corresponderá a los ciudadanos y entidades privadas competir entre sí por conseguir los fondos del erario público para realizar acciones y proyectos o diseñar "contratos colectivos" de acuerdo a la escala de objetivos en turno.

4. Firmar contratos colectivos en representación de todos los ciudadanos.

    1. Las leyes desaparecen y en su lugar quedan contratos colectivos. Estos contratos colectivos son elaborados a través de las licitaciones por ciudadanos o empresas

privadas de acuerdo a la escala de objetivos.

2. Cada contrato colectivo debe de establecer el objetivo por el cual trabaja y las proyecciones de resultados de dicho contrato. Si después de ser aprobado y firmando, un contrato colectivo no cumple con sus proyecciones, o tiene efectos secundarios que afectan negativamente a uno de los objetivos dentro de la escala de objetivos, dicho contrato será revocado por el comité de auditores.

3. Los administradores evalúan todas las propuestas de contratos colectivos, y tienen presupuesto para contratar expertos en los temas que concierne a cada contrato para que los ayuden a evaluar las propuestas.

4. Los administradores deben de identificar a los sectores de la población que más serán afectados por dicho contrato colectivo y abrir con ellos un proceso en el cual el contrato colectivo puede ser modificado. El contrato colectivo final es uno diseñado por las personas o empresas que ganaron la licitación y modificado por los ciudadanos que son más afectados por dicho contrato en conjunto con los licitantes. Los administradores tienen que evaluar el contrato resultante de acuerdo a la escala de objetivos y decidir si lo aprueban o no, y por lo tanto, si lo firmarán en representación de todos los ciudadanos o no. Todos los contratos colectivos son publicados y se hacen llegar a los ciudadanos. Si los ciudadanos no están de acuerdo con un contrato colectivo o una parte del contrato colectivo pueden juntar firmas, vetar o pedir que se modifique una parte del contrato. Si los ciudadanos no vetan el contrato colectivo, los administradores lo firman en nombre de todos los ciudadanos.

5. Este contrato colectivo será ahora parte de los términos y condiciones del contrato social y de las circunstancias en las que se desarrollarán los individuos.

6. Una vez firmado el contrato colectivo, los auditores comenzarán a evaluar el impacto del contrato. Si los resultados son los proyectados en la licitación o no, y si tienen efectos secundarios no deseados y contrarios a los objetivos de la sociedad.

5. Los administradores abren licitaciones para todas las acciones públicas, o sea las acciones que la sociedad va a financiar o realizar en conjunto, evalúan los proyectos que reciben a través de las licitaciones y deciden a cuál fondear.

   1. Los criterios de evaluación son:

      1. Su apego a los objetivos elegidos por los ciudadanos.
      2. Su eficiencia: recursos = resultados
      3. Su viabilidad.
      4. El historial de proyectos realizados por los licitantes.

   2. El proceso de selección y las razones para elegir uno y no otro proyecto son completamente transparentes y públicas.

      1. Al final del proceso los administradores publican los resultados de sus deliberaciones:

         1. ¿Por qué la propuesta elegida por el comité administrativo se apega y promueva la escala de objetivos más que las otras propuestas de los otros licitantes?

         2. ¿Cuál es el costo directo de dicha propuesta?
         3. ¿Cuánto dinero o recursos se tienen que asignar del erario público?
         3. ¿Cuál es el costo indirecto de dicho contrato colectivo o proyecto?

            1. Cuáles son los costos indirectos de dicho contrato colectivo, como el impacto ambiental, la pérdida de oportunidades, el

aumento de la desigualdad, etc.

4. ¿Cuáles son los resultados proyectados del contrato colectivo o proyecto?

    1. Los beneficios se establecerán de acuerdo a distintas proyecciones de resultados tomando en cuenta distintas circunstancias.

5. ¿Cuáles son los posibles resultados secundarios negativos y positivos del contrato colectivo y qué tan probables son?

    1. Los efectos negativos o positivos son medidos de acuerdo a la escala de objetivos.

    2. ¿Qué acciones se tomarán para evitar o controlar estos posibles resultados negativos?

    3. ¿Qué acciones se tomarán para corregir el contrato o proyecto si aparecen estos resultados negativos?

    4. ¿En qué momento o con qué resultados negativos se considera que el proyecto ya no es viable y se detiene?

6. ¿El proyecto se ha implementado con administraciones y escala de objetivos pasadas? ¿Con qué resultados?

    1. Hay proyectos que pueden aplicar para diversas administraciones, pues puede que su objetivo esté presente durante muchas administraciones. Para estos proyectos también entran en consideración los resultados que tuvieron en las administraciones anteriores.

       1. Una escuela puede buscar financiamiento a través de varias administraciones y usar los resultados obtenidos durante una administración como argumento a favor para pedir fondos de la siguiente administración.

   7. Qué individuos o grupo proponen y/o llevarán a cabo el contrato colectivo o el proyecto.

       1. ¿Este individuo o grupo han realizado proyectos antes? si sí, ¿cuáles han sido sus resultados?

   8. Presupuesto desglosado de absolutamente todos los costos del proyecto o contrato colectivo.

       1. Incluidos rubros donde los costos pueden variar de acuerdo a las circunstancias.

6. Una vez aprobado un contrato colectivo o proyecto por los administradores, estos, lo presentan a la parte de la población que será más afectada por el proyecto o contrato colectivo, en este momento se abre un período en el cual los ciudadanos se pueden involucrar para modificar un proyecto o contrato colectivo a la par de los que propusieron el proyecto. Después de este periodo de modificación los administradores vuelven a evaluar el proyecto, su eficiencia, su viabilidad, su apego a la escala de objetivos y los resultados proyectados, para decidir aprobarlo o no. Si los administradores aprueban el proyecto, lo publican y distribuyen entre todos los ciudadanos y se espera un periodo en el que los ciudadanos lo pueden evaluar. Durante este periodo los ciudadanos pueden juntar firmas para vetar un proyecto o contrato colectivo. Si los ciudadanos no vetan el proyecto o contrato colectivo, entonces los administradores lo firman o financian en representación de todos los ciudadanos. Estos proyectos ahora son las acciones e instituciones que antes eran las acciones e instituciones del gobierno. Los ciudadanos son los que hacen las acciones, no la estructura de la administración. Los ciudadanos

son los que se esfuerzan y trabajan por sus objetivos. Los ciudadanos están involucrados en cada proceso y pueden participar en la medida que lo deseen con sus proyectos.

Cada ciudadano puede participar en su sociedad donde desee hacerlo, pues puede licitar para desarrollar contratos colectivos y proyectos, y si sus proyectos no son seleccionados puede modificar los proyectos ya seleccionados o vetarlos.

3. Licitantes

Son los ciudadanos o entidades privadas que aplican para obtener fondos públicos para llevar a cabo una acción, proyecto o desarrollar un contrato colectivo. Cualquier ciudadano o entidad privada que no sea parte de la administración en turno o de la pasada y que no haya sido encontrado culpable de actos de corrupción, de defraudación a la sociedad o de ciertos crímenes, puede participar como licitante.

Los licitantes tienen que justificar su proyecto explicando:

1. Por cuál o cuáles objetivos de la escala de objetivos van a trabajar.

2. Las acciones, las personas involucradas y el trabajo que se va a realizar.

3. Cómo realizan dicho trabajo y acciones.

4. Cómo no va a afectar negativamente dichas acciones a los otros objetivos de la escala de objetivos.

5. Posibles efectos secundarios negativos, de acuerdo a la escala de objetivos, que de aparecer, se tendría que suspender el proyecto.

6. Cuáles son las proyecciones medibles y objetivas de resultados del proyecto a corto, mediano y largo plazo. El proyecto será

evaluado por los administradores con base en dichas proyecciones; y los resultados del proyecto serán juzgados por los auditores con base en estas proyecciones.

7. Cuál es el costo del proyecto y el presupuesto desglosado de los lugares donde se emplea el erario público.

    1. Para ser elegidos, los proyectos serán juzgados por los administradores de acuerdo al costo beneficio. O sea qué proyecto presenta las mejores proyecciones de resultados con respecto al costo del proyecto.

    2. Si las proyecciones son demasiado optimistas o no son realistas y el proyecto no logra sus proyecciones, el proyecto será juzgado por los auditores y podrá ser revocado y dependiendo de las circunstancias y la diferencia entre las proyecciones y los resultados, el licitante podría ser sometido a un juicio por defraudación de la sociedad.

8. Conflictos de intereses, nepotismo y beneficios extras. Si los licitantes o sus familiares tienen algo extra que ganar, de forma directa o indirecta, además de los objetivos del proyecto, y no se presentan estos benéficos o relaciones en las licitaciones y después se encuentra que el licitante, familiares o conocidos están siendo beneficiados de manera desproporcionada al resto de la población por el proyecto, el licitante podrá ser acusado de corrupción o defraudación de la sociedad

    1. El licitante tiene que poner desde su proyecto si va a trabajar con familiares o amigos y la razón para hacerlo.
    2. El licitante tiene que estipular si familiares o amigos serán subcontratados o beneficiados de una forma desproporcionada al beneficio que tienen todos los ciudadanos.
    3. El que familiares o amigos sean beneficiados por un contrato o proyecto no es algo malo, de hecho puede ser

algo muy bueno, pues la familia y los conocidos pueden ser la razón que motiva al individuo a trabajar por el proyecto.

9. Los proyectos de los licitantes cubren todas las áreas en las que se involucra la sociedad y que antes correspondía al Estado, salvo las cortes donde los auditores juzgarán a los administradores, a los licitantes y a los ciudadanos por ruptura de contratos particulares. Todas las otras áreas en las que suelen involucrarse los gobiernos estarán a cargo de las licitaciones.

    1. Esto quiere decir que desde la escritura de contratos colectivos (antes leyes), hasta la seguridad y educación están en manos de ciudadanos o grupos que presentan sus proyectos a los administradores y son mantenidas en línea por los auditores.

    2. Los ciudadanos por medio del la elección de objetivos deciden qué y hasta cuánto van a financiar qué objetivos y acciones; y los ciudadanos por medio de las licitaciones proponen y ejecutan los planes de acción para lograr los objetivos.

Las licitaciones están divididas en 2 categorías:

1. Contratos colectivos:

    1. Sustituyen a lo que actualmente se denomina como "Leyes".

    2. Entidades privadas o ciudadanos pueden presentar proyectos que incluyan investigación de la situación actual y elaboración o modificación de contratos colectivos para incentivar o limitar ciertos comportamientos de la sociedad de acuerdo a la escala de objetivos.

    3. Existen algunos contratos colectivos que afectan a toda la población y otros que solo afectan a los ciudadanos que desean tener el derecho a realizar ciertas acciones.

2. Implementación de acciones específicas y proyectos:

   1. Sustituye a las actuales acciones del poder ejecutivo.

   2. Entidades privadas o ciudadanos pueden presentar proyectos que incluyan investigación de la situación actual e implementación de acciones específicas de acuerdo a la escala de objetivos:

      1. Construcción y mantenimiento de infraestructura: calles, puentes, carreteras etc...
      2. Sistema de seguridad social.
      3. Guardias de seguridad.
      4. Agencias de investigación criminal
      5. Instituciones educativas. Etc.

   3. Esto no quiere decir que los recursos o servicios sean privados, pero sí que serán ciudadanos los encargados de administrar, distribuir, utilizar, generar o proporcionar los recursos o servicios.

Las licitaciones permiten que los ciudadanos estén involucrados en absolutamente todos los procesos y proyectos de la sociedad. Los ciudadanos son quienes trabajan por la sociedad, por lograr los objetivos que ellos mismos elegirán. Cada ciudadano tiene la capacidad de competir para involucrarse en el tema de su elección. La estructura o administración de la sociedad, retiene poco poder sobre el ciudadano. Con este tipo de organización se puede generar mucha acción social, mucha colaboración entre todos los miembros de la sociedad, mucho trabajo para lograr los objetivos de la sociedad y proyectos de gran impacto y gran escala, mientras se mantiene limitado el poder de la estructura o jerarquía social. La administración es pequeña, pero la colaboración, las acciones y los proyectos sociales son grandes y de gran impacto.

4. Auditores:

Además de la asamblea de administradores, existe la asamblea de auditores cuya función es la de recopilar información, analizar y juzgar todas las acciones de los administradores y de los licitantes de acuerdo a la escala de objetivos en turno. Toda acción de los administradores y de los licitantes será monitoreada y juzgada por lo auditores; quienes tienen el derecho a revocar licitaciones de acuerdo a los siguientes criterios:

1. Uso del fondo público para funciones no establecidas en su licitación.

2. Corrupción y/o falta de transparencia.

    1. Uso de influencia y discrecionalidad no contempladas en la licitación.

    2. Ganancias desproporcionadas para el licitante, un familiar o amigo no presentadas en la licitación.

3. Eficacia:

    1. Los resultados de las licitaciones, los proyectos y los contratos colectivos se evalúan mínimo una vez al año.

    2. Si los licitantes no cumplen con sus proyecciones al menos en un 70%, son revocados.

    3. Si los licitantes no cumplen con sus proyecciones en al menos un 50%, los auditores pueden investigar las causas de dicha discrepancia entre las proyecciones y los resultados; y de verlo adecuado, pueden someter a juicio por corrupción o defraudación de la sociedad a los licitantes.

    4. Si el conjunto de proyectos de una administración no cumplen con al menos el 70% de eficacia, la

administración es investigada con la posibilidad de quitarla de su cargo.

5. Si en la investigación se encuentran casos de corrupción, se abre un juicio en contra de los administradores o licitantes que se descubre que fueron corruptos.

4. Efectos secundarios o no previstos de la implementación de un proyecto contrarios a los objetivos de la administración.

1. Los auditores tendrán que evaluar los proyectos de acuerdo a los efectos secundarios no previstos y de acuerdo a ellos justificar o no una revocación del proyecto o el contrato colectivo.

5. Ciudadanos:

1. Los ciudadanos reciben todos los incentivos económicos y sociales posibles para participar en los esfuerzos de su sociedad para lograr los objetivos en común. Cualquier ciudadano se puede involucrar en la medida que desea y en las áreas que son de su interés por medio de las licitaciones que presenta al comité de administradores.

2. Los contratos colectivos estarán siempre a disposición de todos los ciudadanos. Habrá contratos colectivos que aplican para todos los ciudadanos y otros para los ciudadanos que desean realizar acciones específicas como conducir, abrir una empresa, explotar algún recurso natural, etc.

    1. Por ejemplo: Un ciudadano que desea conducir un auto, necesita firmar el contrato colectivo que le brinda el derecho a conducir autos y hacer uso de la infraestructura colectiva, y que lo compromete a seguir ciertas normas y lineamientos de tránsito e inclusive a ciertos pagos para el mantenimiento de la

infraestructura pública.

3. Toda la información del funcionamiento de las administraciones, de los resultados de los contratos colectivos y de los proyectos licitados son públicas. Los ciudadanos pueden reunirse en cantidades considerables y pedir la suspensión de un proyecto, vetar un contrato colectivo o modificar un aspecto del proyecto o del contrato colectivo. El número mínimo de ciudadanos requeridos para vetar o modificar es elegido utilizando el sistema de promedio entre todos los integrantes de la sociedad.

4. Los ciudadanos en todo momento tienen la autoridad de denunciar y de pedir una auditoría sobre otro ciudadano, una entidad privada, un miembro de un comité o un licitante si ve que este está faltando al cumplimiento de un contrato colectivo o privado.

5. Cada sociedad debe desarrollar su propia forma de organización social, quién es ciudadano, qué pasa con los que no quieren firmar el contrato social y qué pasa con inmigrantes, cuánto tiempo y qué tiene que pasar para que puedan convertirse en ciudadanos, etc..

CAPÍTULO 7

Elecciones económicas

Existen muchas formas en que puede organizarse y funcionar la economía de una Objetivocracia Democrática, a continuación propongo solamente una de ellas. Sin embargo corresponde a cada sociedad desarrollar su propio sistema, experimentar y siempre mejorarlo, para que el sistema esté siempre a favor de todos los ciudadanos, proteja a todos del exceso de poder económico y presente cada vez más oportunidades, libertades y posibilidades.

Cada ciclo electoral los ciudadanos responden a las tres preguntas económicas más importantes de una sociedad:

1. ¿Qué partes de la economía, propiedades, recursos, servicios, productos, mercados serán controladas por la sociedad y qué partes serán de carácter privado?

2. ¿Cómo se limitará el poder económico?

3. ¿Cómo se ampliarán las libertades, posibilidades y oportunidades de los ciudadanos?

CAPÍTULO 8

Lo público

Cada ciclo electoral los ciudadanos eligen qué servicios, productos, recursos, propiedades y mercados desean que sean de carácter público. Esto quiere decir que sean controlados y propiedad de todos los ciudadanos de forma conjunta.

1. ¿Qué recursos van a ser Públicos?

2. ¿Qué servicios van a ser Públicos?

3. ¿Qué sectores de la economía van a ser públicos?

4. ¿Qué mercados van a ser públicos?

5. ¿Se va a limitar o eliminar un sector de la economía o una actividad productiva?

6. ¿Se va a limitar o eliminar la producción o comercialización de ciertos productos?

Promedio de las elecciones:

La forma en que se toman estas decisiones determinará lo democrático o autoritario de cada sistema. Para que el sistema sea lo más democrático posible recomendamos que las preguntas sean planteadas de forma en que se puedan obtener promedios; y que estos promedios determinen las decisiones económicas de una sociedad. Pues los promedios incluyen a todos los miembros de la sociedad, mientras que las decisiones que implican que una mayoría gane, también conllevan que una minoría pierda y por lo tanto significan cierta opresión sobre esta minoría. Para reducir la opresión, lo ideal es que cada sociedad encuentre la forma de promediar las decisiones de todos sus integrantes.

En la actualidad los gobiernos de todos los países toman las decisiones que responden a las preguntas anteriores. Los gobernantes deciden qué es propiedad privada y qué no; qué servicios dan a todos los ciudadanos y cómo regulan los mercados. En una objetivocracia, estas decisiones las toman directamente los ciudadanos utilizando la democracia por promedio.

Promedio de lo público:

Cada ciudadano propone lo que él considera que debería de ser de carácter público y en qué porcentaje. Las propuestas de absolutamente todos los ciudadanos son promediadas para obtener el porcentaje que todos los ciudadanos desean que un recurso, servicio, producto o mercado sea público; ese porcentaje será el porcentaje de control que la sociedad completa tendrá de dicho recurso o servicio.

Por ejemplo: La siguiente lista es un ejemplo de cómo un ciudadano puede contestar las preguntas económicas:

1. ¿Qué recursos van a ser Públicos?

    1. Agua: 100%
    2. Aire: 100%
    3. Petróleo: 80%
    4. Bosques: 50%
    5. Terreno: 40%

2. ¿Qué Servicios van a ser Públicos?

    1. Educación: 100%
    2. Electricidad: 100%
    3. Agua y drenaje: 100%
    4. Salud: 100%

3. ¿Qué sectores de la economía van a ser públicos?

    1. Alimentación básica: 100%

4. ¿Qué mercados van a ser públicos?

    1. Alimentación básica: 100%

5. Si hay un sector de la economía o una actividad económica, que se va a limitar o eliminar.

    1. Tala de árboles - 80%
    2. Pesca - 50%
    3. Caza o comercialización de animales en peligro de extinción - 100%

6. ¿Se va a limitar o eliminar la producción o comercialización de ciertos productos?

    1. Plásticos - 50%
    2. CO_2 - 90%
    3. Contaminantes - 90%
    4. Cocaína - 100%
    5. Contaminantes de agua - 100%

El promedio de los porcentajes elegidos por todos los ciudadanos genera el porcentaje de control que la sociedad tendrán sobre un producto, servicio, recurso o mercado. El porcentaje de control de toda la sociedad es obtenido mediante la siguiente fórmula:

A = Suma de todos los promedios de control que los miembros de una sociedad desean sobre un producto, servicio, recurso o mercado, incluidos los que desean 0% de control.
B = Número total de personas en la sociedad.

X = porcentaje de control de un producto, servicio, recurso o mercado.

A/B= X

Por ejemplo:

De una sociedad de 10 personas:
1 persona eligió controlar la educación al 100%
5 eligieron controlar la educación al 90%
3 eligieron controlar la educación al 50%
1 no eligió control de la educación.

A = Suma de todos los porcentajes = 100 + 90 + 90 + 90 + 90 + 90 + 50 + 50 + 50 + 0 = 690
B = Número total de personas en la sociedad = 10
X = A/B = 690/10 = 69
X= 69 es el promedio del control deseado por todos los miembros de la sociedad sobre la educación.
El 69% de la educación será controlado e impartido por la sociedad en conjunto por medio del proceso de las licitaciones.

Al final se obtiene un porcentaje de control que la sociedad tendrá de cada recurso, producto, mercado o servicio de acuerdo al promedio y al porcentaje de control que cada individuo de la sociedad piensa que la sociedad completa deberían de tener de ese recurso. De esta forma, las decisiones nunca implicarán una imposición, ganadores o perdedores, sino el promedio de las decisiones de cada individuo dentro de la sociedad. Todos los individuos tienen el mismo poder y el mismo peso sobre los porcentajes, por lo que todos los individuos tienen la misma capacidad de influir la actividad económica de su sociedad.

Lo que hará cada sociedad con los recursos, servicios, mercados y productos que controle dependerá de los objetivos de la sociedad elegidos mediante promedio y de los proyectos que ganen las licitaciones. Esto quiere decir que los ciudadanos deciden qué sectores de la economía van a ser controladas por la sociedad y posteriormente los mismos ciudadanos propondrán proyectos o contratos colectivos que permitan lograr los objetivos de la sociedad con el uso de los recursos que controla la sociedad completa.

CAPÍTULO 9

Servicio social

Además de los impuestos, las elecciones, las asambleas y los proyectos que cada ciudadano propone, se puede pedir a los ciudadanos que dediquen cierta cantidad de su tiempo y su vida al servicio de la sociedad. Los ciudadanos pueden decidir qué tipo de servicio pueden ofrecer para poder pertenecer a la sociedad, todas las personas tienen que dedicar cierta cantidad de su tiempo para proyectos de la sociedad y no para proyectos personales. Los ciudadanos decidirán qué cantidad de tiempo de cada ciudadano está disponible para el servicio de toda la sociedad, éste es decidido por todos los miembros de la sociedad en conjunto por medio del sistema de democracia por promedio.

Por ejemplo:

Los integrantes de la sociedad pueden elegir cuánto tiempo piensan que los integrantes de la sociedad deberían de dedicar al servicio de la sociedad.

0 - 12 años = 0 tiempo de servicio social
13 - 15 años = 1 mes al año de servicio social
16 - 22 años = 2 años de servicio social
23 - 65 años = 1 mes al año de servicio social
66 - 70 años = 1 año de servicio social
71 - adelante = tiempo de servicio social voluntario

El tiempo que cada ciudadano piensa que los ciudadanos de cada edad deberían de dedicar a proyectos sociales, es promediado con lo propuesto por absolutamente todos los ciudadanos para obtener el promedio; este promedio se convierte en el tiempo requerido para que cada ciudadano dedique a labores sociales.

Todos los ciudadanos que estén trabajando en su tiempo de servicio social serán pagados lo mismo por su tiempo, independientemente de su nivel económico y de qué tipo de servicio social realicen. Los individuos no pueden decidir que tipo de servicio social hacen. Los ciudadanos que presenten proyectos para lograr los objetivos de la sociedad, pueden pedir recursos económicos y personas de distintas edades o con distintas habilidades y conocimientos para trabajar en los proyectos y lograr los objetivos sociales.

Por ejemplo:

Parte de este tiempo puede ser dedicado para constituir un cuerpo de guardias ciudadanos que patrullan las calles dedicando su tiempo y atención completa para ayudar a otros ciudadanos, para realizar denuncias, obtener evidencia de crímenes y faltas administrativas y que puedan dar seguimiento a las denuncias de los ciudadanos.

Con este tiempo de servicio social también se pueden desarrollar proyectos de reforestación, de limpieza de zonas de las ciudades, o cualquier otro proyecto propuesto por ciudadanos licitantes y aprobado por la asamblea de administradores.

Cuándo todos los ciudadanos trabajan en proyectos para lograr los objetivos sociales se genera y fortalece la cohesión social, se acostumbra a los miembros de la sociedad a colaborar en conjunto con ciudadanos de otros círculos sociales, y todos los ciudadanos viven en carne propia los procesos y los resultados de los proyectos aprobados por las asambleas.

Este servicio social también puede ser utilizado como justificación para pagar la universidad de los jóvenes y la pensión de los retirados. Si a los jóvenes entre 17 y 20 años se les pide dar un año de servicio social, y este servicio es utilizado para que sean guardias ciudadanos y reemplacen las mayorías de las labores de la policía, entonces la sociedad puede recompensar a estos jóvenes pagando sus universidades. Así mismo, si a los adultos de entre 60 y 70 años se les pide que dediquen un año de su vida a servicio social, y este año de servicio lo utilizan para que trabajen con los jóvenes siendo guardias ciudadanos, la sociedad puede recompensar estos adultos pagando su pensión de retiro.

Este servicio social también puede ser utilizado para obtener los integrantes de las asambleas de ciudadanos. Por ejemplo, se puede pedir a todos los jóvenes entre 17 y 20 años y a los adultos de entre 60 y 70 que brinden un año de servicio social y entre ellos, utilizando la democracia por sorteo, se puede seleccionar a parte de las asambleas de auditores y administradores. A los ciudadanos entre 20 y 60 años se les puede pedir un mes al año o un par de días al mes de servicio social; dentro de estos ciudadanos se puede seleccionar por medio de la democracia por promedio a un grupo que será parte de las asambleas y comités. Los ciudadanos menores de 20 años y los mayores de 60 estarán dedicados al 100% a las labores de las asambleas, mientras que los que tienen entre 20 y 60 dedicarán solamente cierta cantidad de su tiempo. Se podría generar una dinámica en la que los que están dedicados al 100% realicen la mayor cantidad de investigación y ellos presenten a los que solo dedican cierta parte de su tiempo sus conclusiones y propuestas y entre todos toman la decisión final. Esta forma de trabajar permitiría que los planes de vida de los ciudadanos no sean interrumpidos si son seleccionados por sorteo para ser miembros de las asambleas, pues todos los ciudadanos tienen que brindar el mismo tiempo de servicio social, la diferencia sería que algunos dedican su servicio social a ser guardias ciudadanos, otros a trabajar en las licitaciones ganadoras y otros a ser miembros de las asambleas.

La colaboración entre miembros de distintas generaciones y distintos lugares de la sociedad para formar las asambleas, trabajar en las licitaciones y como guardias ciudadanos acostumbrara a los miembros de la sociedad a colaborar entre sí, a comunicarse y a organizarse, esto fortalecerá la cohesión social y la capacidad de la sociedad para responder ante crisis.

CAPÍTULO 10

Limitación del poder económico:

Las primeras decisiones económicas que tiene que tomar cada ciudadano determinan el carácter de lo público y lo privado dentro de una sociedad. Lo siguiente que tiene que determinar la sociedad, es cómo va a regular la actividad económica privada para evitar la transformación de recursos económicos en poder y la acumulación de poder económico en pocas manos.

Limitar el poder económico es similar a limitar el poder político, policíaco o militar. Si los integrantes de la sociedad desean vivir libres del control, la influencia, la amenaza o la opresión de quienes sostienen el poder económico, tienen que limitar el poder económico de la misma manera en que limitan el poder político, policíaco y militar. Se limita el poder de la policía o los militares para que no opriman a la sociedad a la que se supone que protegen. Se limita el poder de los políticos para que no tomen decisiones que los favorecen desproporcionadamente a ellos y oprimen al resto de la sociedad. Así como la sociedad puede prohibir que los ciudadanos posean armas nucleares o de destrucción masiva, para que los ciudadanos con armas nucleares no tengan la capacidad y el poder para destruir a la sociedad completa, o controlarla por medio de la amenaza nuclear, la sociedad también puede exigir a sus ciudadanos no acumular poder económico en cantidades que les den suficiente poder como para destruir o controlar la economía de todos los otros integrantes de la sociedad. Limitar el poder económico es limitar el poder de unos pocos para controlar las circunstancias de muchos otros, el poder de pocos para amenazar a muchos otros y el poder de pocos para destruir el estilo de vida y los medios de subsistencia de muchos. En conjunto, por medio del proceso democrático, los miembros de una sociedad pueden prohibir la acumulación de armas nucleares por ciudadanos y pueden establecer un límite a la desigualdad de poder económico permitido

Es muy importante recalcar que el proceso de la objetivocracia es completamente democrático, por lo que los integrantes de la sociedad pueden decidir permitir toda la desigualdad y acumulación de poder económico en pocas manos que deseen. Corresponde los miembros de cada sociedad decidir, utilizando la democracia por promedio, cuánta desigualdad y poder económico van a permitir.

Para tener la capacidad de decidir sobre el poder económico, primero se tiene que conocer la fuente del poder económico. Por lo que los ciudadanos de cada sociedad tienen que hacerse la siguiente pregunta: ¿Cuáles son las fuentes de desigualdad económica en una sociedad? ¿Cuál es la causa por la cual el poder económico se concentra en pocas manos?

Una vez que los miembros de la sociedad conozcan la fuente de la desigualdad y de la acumulación de poder económico en pocas manos, se tienen que hacer la siguiente pregunta:

¿Cuánta desigualdad económica se va a permitir dentro de la sociedad?

Conociendo el origen de la desigualdad y la cantidad de desigualdad que están dispuestos a aceptar, lo siguiente que los ciudadanos tienen que contestar es:

¿Cómo se va a limitar el poder económico?

Estas preguntas las pueden desarrollar los ciudadanos de distintas maneras. Por ejemplo, se puede realizar una consulta ciudadana donde todos los miembros de la sociedad contesten directamente a las preguntas y posteriormente una asamblea de ciudadanos consolida las respuestas para hacer una sola lista.

Otra forma de contestar estas preguntas es que antes de cada ciclo electoral, se forma una asamblea de ciudadanos elegida por sorteo que tengan la tarea de contestar la primer pregunta. Una vez elaborada una lista la presentan al público para su aprobación. Los ciudadanos podrán reunir firmas para vetar la lista o un punto de la lista, o incluso para agregar puntos a la lista.

Por ejemplo:

¿Cuáles son las fuentes de desigualdad económica en tu sociedad?

1. Las herencias

2. Las rentas

3. La acumulación de dinero, recursos y tierras en pocas manos.

4. Las ganancias de los accionistas de las empresas.

5. La diferencia de salarios para los distintos puestos en las empresas.

6. El poder para tomar decisiones que tienen los dueños de las empresas.

7. El control que unos pocos tienen sobre las redes de distribución y los mercados.

8. Que sólo las personas con mucho dinero pueden abrir empresas.

9. Que el sistema financiero genera y aumenta la desigualdad económica.

Una vez obtenida la lista de las fuentes de desigualdad económica, la asamblea de ciudadanos tendrá que determinar si hay una forma en que se pueden presentar preguntas a los ciudadanos para que ellos elijan cuáles serán las limitantes que pondrán a cada punto de la lista y que sus respuestas sean promediables. Estas preguntas a su vez son presentadas a los ciudadanos quienes tienen el poder de vetar una, varias o todas las preguntas, hasta que se obtengan preguntas que no son vetadas por los ciudadanos.

Si la asamblea determina que no hay forma de promediar un punto, entonces desarrollan una propuesta que presentan a los ciudadanos quienes pueden aprobar o vetar la propuesta.

Por ejemplo: El poder económico se genera gracias a la desigualdad, algunos de los factores que generan esta desigualdad son: la acumulación de dinero, recursos y tierras en pocas manos, la diferencia de salarios, la diferencia de herencias, la diferencia de ganancias por dividendos, etc.

Es muy importante siempre tener en consideración que el objetivo es limitar el poder de unos pocos sobre muchos que se genera cuando pocos tienen el control exclusivo de los medios de producción, los recursos financieros, los procesos políticos o judiciales de una sociedad. El objetivo es limitar el poder, no la libertad, ni siquiera la libertad de gastar de forma frívola los recursos económicos a disposición de una persona. Por lo que la sociedad debe de buscar la forma en que la desigualdad económica se transforma en poder y limitar esa desigualdad, pero debe de permitir la discrecionalidad individual y la desigualdad en todo lo que no genere poder de uno sobre otros.

Por ejemplo: Si una persona, un grupo o clase de personas controlan el 50% del territorio de una sociedad, entonces sostienen poder sobre la sociedad. Si una persona controla el 20% de los recursos financieros de una sociedad, tiene un cierto poder sobre la estabilidad o inestabilidad del sistema financiero de dicha sociedad. Por el contrario, si una persona tiene 600 pares de zapatos, no sostiene poder sobre otras personas, aunque su gasto podría parecer banal y frívolo para muchos otros. Si una persona tiene mucha joyería, sus diamantes y joyas no tienen el potencial de influenciar o amenazar a la economía de la sociedad y no le dan el poder para decidir sobre los productos que se producen y venden en los mercados de la sociedad. Los miembros de una Objetivocracia Democrática deben de buscar limitar la desigualdad que genera poder, pero aceptar, incluso fomentar toda otra desigualdad o diferencias entre las preferencias y las prioridades de los miembros de la sociedad.

La desigualdad que genera poder, es desigualdad de uso o control exclusivo sobre los medios de producción, sobre los mercados, sobre los medios y las los requisitos para la subsistencia y el desarrollo libre de los miembros de la sociedad, sobre el control o la influencia de las circunstancias en las que todos los miembros de la sociedad viven y sobre la toma de decisiones que afectan a todos los miembros de la sociedad. La desigualdad que no genera poder puede ser desigualdad de pertenencias, posesiones, actividades o relaciones que no se convierten en desigualdad de poder o de control exclusivo sobre los mercados, la producción, la economía, las circunstancias o la vida de otras personas.

La correcta distinción entre la desigualdad que genera poder y la desigualdad que no genera poder será la diferencia entre la instauración de un sistema que sea más justo y liberador o uno que sea más impositivo y que constriña el desarrollo y la libertad de los miembros de la sociedad..

CAPÍTULO 11

Los Impuestos como herramienta para limitar la desigualdad

Impuestos de acuerdo al nivel económico

Los impuestos son parte de lo que los miembros de la sociedad tienen que dar a su sociedad para financiar sus proyectos en común. Además los impuestos también pueden ser utilizados como una herramienta para limitar la desigualdad y por lo tanto para limitar la concentración del poder económico en pocas manos.

Para que la sociedad sea verdaderamente democrática, los integrantes de la sociedad deben de poder decidir por su propia cuenta cuales van a ser los impuestos que están dispuestos a pagar para pertenecer a la sociedad. Para cumplir el doble propósito de financiar los proyectos comunes y para limitar la desigualdad, cada ciclo electoral los ciudadanos pueden contestar a la siguiente pregunta:

¿Cuáles serán los porcentajes de impuestos a los ingresos económicos de acuerdo al nivel económico?

Para que el ciudadano tenga las herramientas adecuadas para contestar esta pregunta, se recomienda que se dividan los niveles económicos de la sociedad de acuerdo a ingresos y recursos económicos. Cada individuo de la sociedad establece un porcentaje que considera se debe de aplicar de impuesto a cada sector económico de la sociedad. Los números que dieron los ciudadanos a cada sector de la población son promediados para obtener el impuesto a cada sector de la población.

1. Por ejemplo: Se divide a la sociedad en 10 sectores, 1 son los más pobres y 10 los más ricos, cada ciudadano decide cuánto impuesto se aplica para cada sector de la población y el promedio de lo decidido por todos los integrantes de la sociedad determina sus impuestos.

2. Si todas las persona eligieron que para el sector de la población más pobre se aplique 0% de impuestos sobre sus salarios y ganancias, entonces los más pobres de la sociedad no pagarán impuestos.

3. Si para el quinto sector de la población una persona puso 15% y otra 35%, entonces el promedio, esto es, el impuesto para el 5to sector de la población es 25%.

4. Los impuestos para cada sector de la población serán el promedio de lo que cada individuo dentro de la sociedad decida.

El proceso podría ser algo así:

Sector de la población	Persona 1	Persona 2	Persona 3	Persona 4	Persona 5	Promedio de impuestos
1 Más pobres	0%	0%	0%	0%	0%	0%
2	5%	0%	10%	3%	2%	4%
3	8%	5%	15%	5%	5%	8.6%
4	10%	8%	20%	10%	10%	11.6%

5	15%	10%	25%	15%	15%	16%
6	20%	15%	30%	25%	20%	23%
7	30%	15%	35%	30%	25%	27%
8	40%	15%	40%	35%	35%	33%
9	50%	15%	45%	40%	40%	38%
10 más ricos	60%	15%	55%	50%	50%	46%

Es muy importante aclarar que la democratización de la economía y decisiones económicas no implica que de antemano se determine que los miembros de la sociedad van a decidir tener más impuestos para los más ricos. La democratización de la economía implica que los miembros de la sociedad entiendan que la desigualdad genera poder económico y que el poder económico genera opresión, pero cada miembro de la sociedad decide por sí mismo lo que considera un impuesto justo o una limitante a la desigualdad justa, y las decisiones de todos los ciudadanos son promediadas.

Impuestos al consumo de acuerdo al nivel económico

Otra forma en que se pueden aplicar los impuestos no es a la ganancia sino a el gasto y no a todo el gasto de forma igual. Los ciudadanos pueden aplicar distintas tarifas de impuestos dependiendo del tipo de producto que está siendo comercializado. Los productos básicos y necesarios con un impuesto bajo y los productos exclusivos y de lujo con un impuesto alto. Estos impuestos también los tienen que decidir los ciudadanos y el promedio de lo que decidan todos ellos será el impuesto que se aplicará al tipo de producto.

¿Cuáles serán los porcentajes de impuestos al consumo de acuerdo al tipo de producto?

El primer paso en este caso es dividir los productos en categorías desde los básicos y necesarios a los no necesarios, de lujo y exclusivos.

Por ejemplo:

1. Productos, servicios o actividades indispensables y necesarios para la sobrevivencia: 0% de impuestos

    1. Esta sección puede incluir:

        1. Alimentación básica
        2. Servicios básicos
        3. Medicamentos

2. Productos, servicios o actividades no necesarios, pero que se considera que es preferible que estén al alcance de todos los miembros de la sociedad: 10% de impuestos.

    1. Esta sección puede incluir:

        1. Alimentación en general
        2. Ropa básica
        3. Transporte público

3. Productos, servicios o actividades no necesarios y no básicos, pero no de lujo: 30% de impuestos

    1. Esta sección puede incluir:

        1. Automóviles
        2. Viajes
        3. Tecnología
        4. Alimentación no básica

4. Productos, servicios o actividades de lujo: 50%

1. Esta sección puede incluir:

   1. Alimentación gourmet
   2. Joyería
   3. Autos de lujo
   4. Viajes de lujo
   5. Productos de lujo
   6. Aparatos de tecnología de lujo

5. Productos, servicios o actividades de lujo exclusivo: 60%

   1. Esta sección puede incluir:

      1. Alimentación gourmet extra exclusiva
      2. Joyería extra exclusiva
      3. Autos de super lujo

Limite directo a la desigualdad

Además de, o en lugar de un esquema progresivo de impuestos, los ciudadanos pueden decidir cuál es el límite que pondrán a la desigualdad económica dentro de su sociedad. ¿Cuánta desigualdad económica se va a permitir dentro de la sociedad? Esto se logra haciendo a los ciudadanos la siguiente pregunta:

Después de los impuestos progresivos que se impusieron a las ganancias y/o después del consumo y los gastos que cada individuo realiza. ¿Cuál es el máximo de desigualdad de recursos económicos que puede acumular una persona al año de acuerdo al promedio de los recursos que han acumulado los otros miembros de la sociedad?

Por ejemplo, los integrantes de una sociedad pueden determinar que la diferencia entre el promedio de recursos acumulados por todos los miembros de la sociedad y los miembros que más recursos tendrán en la sociedad será de 10. Esto quiere decir que si el promedio de recursos acumulados y no gastados en un año por persona en la sociedad es de

"1", los más "ricos" en la sociedad podrán mantener "10". Sí al final de un año, o un periodo específico de tiempo una persona mantiene más recursos económicos que lo permitido por el promedio, entonces el exceso se tiene que pagar a la sociedad en forma de impuestos.

Es muy importante notar que puede que no sean necesarios los impuestos a los ingresos. Si se ponen impuestos progresivos sobre el consumo y se establece un límite máximo de desigualdad en la sociedad. Entonces, aunque una persona reciba de ganancias 1,000 veces más que otra, pero la sociedad determinó que el tope de desigualdad es de 10, entonces la persona que "ganó" más tendrá que gastar la diferencia antes de que se cobre la diferencia en forma de impuestos.

También se tiene que cuidar el gasto que se realice en el extranjero y también es recomendado que se ponga un impuesto progresivo al dinero que sale de la sociedad. Esto es, que los ciudadanos también decidan cuánto impuesto van a poner a los ciudadanos que sacan su dinero de la sociedad para ponerlo en un banco extranjero o para gastarlo en un viaje o una inversión en el extranjero.

Limite a la desigualdad generada por rentas y herencias

Para limitar la desigualdad generada por las rentas y las herencias se puede proponer una sola pregunta. Como la posibilidad de pedir rentas viene del control exclusivo de una gran cantidad de tierras o propiedades por pocas personas y mucha de la desigualdad dentro de una sociedad se da gracias a las herencias. Se le puede presentar a los ciudadanos una sola pregunta que atienda a los dos problemas:

¿Cuál es el máximo de desigualdad de propiedades o propiedad privada de las que pueden ser dueñas las personas?

Por ejemplo. Los integrantes de una sociedad pueden determinar que la diferencia entre la propiedad privada del que menos tiene y el que más tiene sea de 10. Esto quiere decir que si la persona que menos tiene es dueña de 100 metros cuadrados, la persona que más tiene, solo puede ser dueña de 1,000 metros cuadrados.

Si una persona es dueña de 500 metros cuadrados y hereda 1,000, no podrá tener los 1,500 m2, tendrá que decidir cuáles 500m2 tendrá que vender o ceder a la sociedad.

Recuerda, la propiedad privada representa el poder de uno a excluir a los otros del uso de algo, no la libertad de uno de hacer uso de algo. Al tomar esta decisión los ciudadanos están decidiendo no sobre la libertad sino sobre el poder que los individuos pueden tener para excluir a otros del uso de ciertos recursos, productos o tierras. La limitación a la cantidad de propiedad privada que puede tener una persona no es una limitación a la libertad de los individuos sino una limitación a su poder.

Si la sociedad establece un máximo de desigualdad de recursos económicos y un máximo de desigualdad de propiedad privada, entonces la sociedad no está limitando su libertad sino que está limitando la acumulación de poder en pocas manos. Una persona puede ganar mucho dinero y puede tener la libertad de gastarlo como desee, lo que no puede hacer es acumularlo de tal forma en que la capacidad de adquisición del dinero se transforme en poder sobre los otros ciudadanos y sobre la sociedad. Una persona puede tener ciertos derechos exclusivos sobre un terreno y disponer de él a su gusto; pero la acumulación de terrenos y propiedades en grandes cantidades significa la exclusión de todas las otras personas al uso de estos terrenos, por lo que es una restricción a la libertad de las otras personas; esta exclusión puede dar un poder a quien tiene sobre quien no tiene. Limitando el máximo de desigualdad de recursos acumulados y el máximo de desigualdad en propiedades, la sociedad se blinda contra la acumulación de poder en pocas manos.

Impuesto sobre la propiedad privada.

Además del límite a la desigualdad, también es recomendable que exista un impuesto sobre las propiedades; pues de esta forma se asegura que la moneda que se utiliza dentro de la sociedad siempre sea la moneda oficial, pues los ciudadanos van a necesitar la moneda oficial para pagar el impuesto a la propiedad privada. De lo contrario, puede no existir un incentivo tan fuerte como para que los integrantes de la sociedad utilicen la moneda local para todas sus transacciones económicas y se pueden desarrollar monedas no oficiales y economías no oficiales. El problema de estas economías no oficiales es que no estarán sujetas a las regulaciones que todos los ciudadanos, por medio del proceso democrático, deciden que existan en la economía de su sociedad, por lo que las personas que sean parte de estas economías alternativas disfrutarán de los beneficios de ser parte de la sociedad sin aportar lo mismo que todos los otros miembros de la sociedad y sin seguir las mismas reglas que todos los otros miembros de la sociedad; pues no habría forma de controlar la desigualdad y de cobrar impuestos con estas monedas y en estas economías alternativas. El impuesto sobre la propiedad asegura que se requiera utilizar la moneda oficial para las transacciones económicas.

Por otro lado, la propiedad privada, al dar derechos exclusivos de uso y explotación de un terreno a una sola persona, implica una limitación a la libertad de todos los otros ciudadanos de hacer uso del terreno y sus recursos. Por lo que un impuesto a la propiedad es una forma de retribuir a la sociedad por quitarle el derecho a utilizar y beneficiarse de esa propiedad en específico. El ciudadano le paga a la sociedad para tener el derecho exclusivo de uso de la propiedad.

Para que el impuesto no sea una imposición, es recomendable utilizar la democracia por promedio para que los mismos ciudadanos elijan cuál es el impuesto que debería de ir a cada propiedad. A los ciudadanos se les puede preguntar algo así:

¿Qué porcentaje del valor del terreno se tiene que pagar como impuesto cada año?

Cada ciudadano contesta y la respuesta de todos los ciudadanos es promediada para obtener el impuesto que será aplicado a la propiedad privada.

Sobre los impuestos

Para que los ciudadanos no sientan que la sociedad les está quitando lo que consiguieron gracias a su trabajo, lo ideal es que no exista impuesto sobre el salario o las ganancias, es suficiente con tener impuesto sobre la propiedad privada, impuesto progresivo sobre los distintos tipos de consumo y el límite de desigualdad del control de propiedades y de dinero permitido en la sociedad. Es muy importante cuidar que solo se limite la desigualdad que genera poder. La posibilidad de gastar el dinero a discreción, en y por las razones que desee una persona deben de permanecer, salvo en los casos que esa posibilidad se transforma de ser una libertad a ser poder que controla la vida o las circunstancias en las que viven los otros seres humanos.

CAPÍTULO 12

Derechos laborales

Los derechos laborales también son una herramienta para limitar el poder que los empleadores tienen sobre los trabajadores.

En la actualidad la mayoría de las personas del mundo trabaja para otras personas. Estas otras personas, los jefes, tienen el poder para mandar y tomar decisiones y dictar todo lo que sucederá en la vida del trabajador por las ocho o diez horas en que está trabajando. Esto quiere decir que mientras está trabajando, el jefe es un autócrata que manda y controla la vida del trabajador. En la actualidad los jefes y dueños de las empresas tienen el poder para tomar decisiones que afectan las ocho o diez horas de vida que el asalariado dedica al trabajo, o incluso al resto de su vida por los efectos que su labor tiene en la salud, la economía, el estado de ánimo y a las energías del trabajador. Esto convierte a las empresas y las relaciones laborales en relaciones de poder y sometimiento, no en relaciones de cooperación libre por objetivos en común.

Para limitar el poder de unos pocos sobre los que menos tienen; y para proteger a todos los miembros de la sociedad de las ventajas competitivas que genera la explotación y autoexplotación de trabajadores, empleados y emprendedores. Todos los ciudadanos elegirán en conjunto cuales son los derechos y las protecciones básicas de todos los trabajadores de la sociedad. Por lo que tendrán que contestar a las siguientes preguntas:

¿Horas máximas de trabajo para todos los trabajadores dentro de la sociedad?

Por ejemplo: Los integrantes de una sociedad pueden determinar que seis horas son el máximo de trabajo permitido al día. Haciendo ilegal que las empresas pidan más de seis horas al día de trabajo a los miembros de una sociedad. Esto obligará a todas las empresas a trabajar con las mismas reglas y competir entre sí en las mismas circunstancias.

Corresponde a todos los miembros de una sociedad determinar cuánto tiempo desean dedicar al trabajo y cuánto a la vida y los proyectos personales.

¿Días máximos de trabajo a la semana?

Se obtiene un promedio de lo elegido por todos los integrantes de la sociedad.

¿Días de vacaciones mínimos al año?

Se obtiene un promedio de lo elegido por todos los integrantes de la sociedad.

¿Edad de jubilación de todos los miembros de la sociedad?

Se obtiene un promedio de lo elegido por todos los integrantes de la sociedad.

¿Cuál será la pensión que la sociedad da a sus jubilados?

¿Cuánto más, o menos del salario promedio va a dar la sociedad a sus jubilados? Esto implica que la medida para obtener la pensión de la sociedad será tomada de acuerdo al promedio de salarios al momento y no de acuerdo al salario que recibió la persona mientras trabajaba. Esta pensión asegurada estimula a todos los integrantes de la sociedad a concentrarse en mejorar el bienestar general de toda la sociedad de forma sustentable, pues el bienestar de todos en el futuro está directamente relacionado al bienestar personal en el futuro. Esta medida también ayuda a mantener y asegurar la demanda interna de productos y servicios por todos los miembros de la sociedad y por lo tanto un mercado interno activo.

Se obtiene un promedio de lo elegido por todos los integrantes de la sociedad.

Por ejemplo, si el salario promedio es de $10,000 y el promedio de lo elegido dentro de la sociedad es que a los pensionados se les da el 90% del salario promedio, entonces los pensionados recibirán $9,000; si deciden que se les da el 110%, entonces a los pensionados les corresponden $11,000.

¿Cuál será la Compensación por accidente laboral?

Si un trabajador tiene un accidente laboral, los miembros de la sociedad también determinarán el porcentaje de sueldo que se dará a un trabajador durante el tiempo que se encuentre incapacitado.

Por ejemplo, pueden decidir que si un accidente laboral incapacita a un trabajador, éste pueda recibir el 150% de su sueldo mensual hasta que se recupere. Pues el trabajador no sólo pierde la capacidad de trabajar, también pierde la capacidad de hacer otras cosas con su vida y con su tiempo.

Las anteriores sólo son ejemplos de preguntas que se pueden plantear a los ciudadanos, corresponde a cada sociedad decidir si habrá más derechos sobre los cuales exigirán todos los ciudadanos y cómo presentar esos derechos para obtener preguntas promediables.

CAPÍTULO 13

Cooperativas

En un sistema capitalista las empresas que producen o brindan servicios suelen tener uno o varios dueños y uno o varios accionistas quienes establecen los objetivos de la empresa. Estos objetivos suelen ser generar la mayor cantidad de ganancias posibles. Para lograr esto, los dueños o un CEO generan planes de acción y dan órdenes a sus subordinados, quienes acatan las órdenes que vienen de arriba de acuerdo a sus capacidades y las circunstancias y dan órdenes a sus subordinados. En una empresa, los únicos que pueden establecer los objetivos de la sociedad son los dueños y los que pueden establecer los planes de acción para lograr esos objetivos son los CEOs; todos en la estructura empresarial ejecutan de acuerdo a sus capacidades y circunstancias los planes de los CEOs para lograr los objetivos de los dueños e inversionistas. Esto quiere decir que la empresa es una organización autoritaria, donde unos pocos deciden y muchos obedecen.

En el sistema capitalista los dueños, los inversionistas y los CEOs toman todas las decisiones importantes en una empresa, decisiones que afectan la vida de todos los trabajadores, de los consumidores de sus productos y tal vez de todos los seres vivos del planeta.

En el sistema capitalista, los trabajadores y subordinados, durante el tiempo que dedican al trabajo, ocho o diez horas al día, viven en un sistema de completa sumisión y obediencia a los intereses y los planes de los dueños y los CEOs.

En una empresa capitalista, todos los trabajadores generan cierto tipo de valor por medio de su trabajo, por este trabajo reciben cierta remuneración, pero la remuneración no es equivalente al valor que generan con su trabajo, esto se hace evidente cuando se generan ganancias y dividendos para los dueños y los inversionistas de las empresas. Las ganancias de los dueños y los inversionistas es la diferencia entre el valor generado por los trabajadores y la remuneración que reciben por su trabajo.

Valor producido por un trabajador - remuneración que recibe por su trabajo = ganancias para dueños o inversionistas.

En una sociedad capitalista, quien tiene la mayor cantidad de dinero o el derecho exclusivo sobre un recurso tiene el poder para financiar empresas y que otros trabajen para generarle ganancias a él. Este tipo de arreglo sólo puede tener como consecuencia el aumento exponencial de la desigualdad, pues solamente quien tiene de sobra tiene para invertir, y el que invierte tiene derecho a imponer sobre los trabajadores el objetivo de generar más ganancias. Por lo que, quien inició teniendo de sobra incrementa sus ganancias gracias al trabajo de los asalariados, incrementando exponencialmente "lo que tienen de sobra" los inversionistas.

La realidad es que mientras existan empresas capitalistas, existirá la explotación de los trabajadores y asalariados, la concentración del poder en la toma de decisiones en pocas manos y la ejecución de sistemas autoritarios donde muchos son sometidos a las decisiones de pocos y donde muchos trabajan por los objetivos de pocos y para generar ganancias a pocos.

Eliminar la empresa capitalista, a los dueños y a los inversionistas es para la economía lo equivalente a eliminar los puestos de presidente, primer ministro, gobernador, legislador, y senador, para el sistema político. Se eliminan los sistemas y puestos políticos que dan mucho poder a pocas personas, y se eliminan los sistemas y puestos económicos que dan mucho poder a pocas personas. Es imposible que exista democracia cuando el poder político lo tienen los representantes, o cuando el poder económico lo tienen los dueños de las empresas.

Para limitar el poder que los pocos inversionistas, dueños y jefes suelen tener sobre todos los trabajadores, y para lograr la mayor cantidad de democracia en todos los niveles de la vida de los miembros de la sociedad, en una Objetivocracia Democrática se recomienda que las empresas que se formen sean cooperativas, en las que todos los trabajadores sean dueños equitativos de la empresa. Pues, si la sociedad es democrática pero los lugares de trabajo no, los ciudadanos estarán viviendo bajo sistemas autoritarios una gran parte de su vida; y si se permite que el objetivo de las empresas sea generar ganancias económicas para pocos con el trabajo de muchos, entonces se está permitiendo que muchos trabajen y sean explotados por el beneficio de pocos.

Para evitar que las empresas sean lugares autoritarios donde las decisiones que afectan a muchos son tomadas por pocos, donde los objetivos por los que trabajan muchos sea el beneficio de unos pocos y donde se genere desigualdad social, se recomienda que todas las empresas en una sociedad que organice su economía por medio de los principios de la Objetivocracia Democrática sean cooperativas. Cada sociedad establece ciertos lineamientos para el funcionamiento de las cooperativas, pero lo básico es el hecho de que todos los miembros de la cooperativa tienen el mismo poder de toma de decisiones y todos los miembros de la cooperativa tienen derecho a recibir las ganancias de la empresa.

Hacer que todas las empresas en una sociedad sean cooperativas tendría como efecto que: todos los trabajadores tomarán las decisiones que determinarán las actividades de las empresas. La mesa directiva de una empresa estará formada por todos los trabajadores quienes haciendo uso de la Democracia Directa, la Democracia por Promedio o la Objetivocracia Democrática toman las decisiones dentro de la empresa. Esto quiere decir que todos los trabajadores de la empresa toman las decisiones que afectan a todos los dueños / trabajadores de las empresas.

Entre todos los dueños/trabajadores se toman las siguientes decisiones:

¿Quién va a trabajar en cada puesto?

Esto implica decidir quién será administrador y quién operativo, quién será gerente, etc..

También implica que quienes están en puestos administrativos, gerenciales o de desarrollo de estrategias, tienen que rendir cuentas a los otros trabajadores/dueños. El operativo rinde cuentas ante los otros operativos y entre los administrativos y los administrativos rinden cuentas ante los otros administrativos y los operativos.

Al ser los trabajadores los dueños de las empresas, la empresa y el trabajo se convierte en un proyecto en conjunto, responsabilidad de todos, y del que todos reciben los mismos beneficios; por lo que los trabajadores de una cooperativa están incentivados a buscar el éxito de la empresa.

¿Cuál será la remuneración o sueldo de cada trabajador?

En las cooperativas los trabajadores en conjunto deciden cuánto ganará cada integrante de la cooperativa. Por lo que la diferencia de sueldos tendrá que ser justificada, no será un privilegio de un puesto sino una compensación por un trabajo. Usualmente los sueldos están relacionados a la responsabilidad, el esfuerzo, el peligro o la antigüedad de trabajo.

Para obtener el sueldo de cada puesto, es recomendable que los trabajadores tengan la lista de puestos con una descripción de sus respectivas responsabilidades, habilidades, conocimientos necesarios y peligros incurridos y cada uno de los trabajadores elige el sueldo para cada uno de los puestos. Las respuestas de todos los trabajadores es promediada y el promedio de lo elegido por todos es el sueldo que cada puesto obtendrá.

En las cooperativas, además de sueldos, habrá dividendos, o ganancias, es muy importante que estas sean distribuidas equitativamente entre todos los miembros de la cooperativa. Esto ayudará a reducir la desigualdad económica y convertirá a cada cooperativa en un proyecto personal de todos los trabajadores/dueños. Los dueños/trabajadores elegirán los sueldos que los distintos puestos tendrán en la empresa, pero las ganancias de lo generado por el trabajo de todos es distribuido equitativamente. Los dueños/trabajadores, también pueden decidir invertir estas ganancias.

Las prestaciones y derechos a los que tienen derecho los dueños/trabajadores.

En conjunto, respetando las regulaciones y contratos colectivos de la sociedad, los trabajadores decidirán desde sus horas de trabajo, sus vacaciones y prestaciones. Conscientes de que la empresa es de ellos y que las ganancias de la empresa son suyas, los trabajadores tendrán que balancear su deseo de generar ganancias económicas con sus otros deseos y necesidades privadas.

Los productos que se van a producir.

Todas las empresas toman decisiones sobre qué producir o qué ofrecer al público. Las cooperativas responderán al mercado, si producen algo que no se vende caerán en la quiebra, pero al mismo tiempo las cooperativas son responsables de decidir qué productos estarán disponibles para ser comprados en sus comunidades y sus sociedades. Esto quiere decir que los trabajadores mismos deciden qué estará disponible para que todos los otros miembros de la sociedad puedan consumir.

En un sistema como el actual, unas pocas persona toman las decisiones de qué productos estarán disponibles en el mercado. Estas personas tienen como objetivo generar ganancias y pueden no estar interesadas en el impacto que sus productos tengan en la sociedad, en la naturaleza o en la salud de los otros ciudadanos. En una Objetivocracia Democrática estas decisiones las tomarán los dueños/trabajadores de las cooperativas.

Los recursos naturales, humanos, y tecnológicos que requiere la producción.

Los miembros de una cooperativa deciden qué recursos, de qué calidad y cómo se obtienen para poder producir.

El Impacto ambiental que tendrá la extracción de los recursos naturales y su transformación al producto final.

Toda producción involucra la extracción y transformación de un recurso. Esta extracción y transformación puede realizarse de forma dañina para el medio ambiente o de forma responsable. Los dueños/trabajadores de una cooperativa tendrán que tomar las decisiones de qué determinan qué recursos se utilizan y cómo son explotados y transformados.

Algunas de estas decisiones pueden ser reguladas por los contratos colectivos que se elaboren a partir de los objetivos de cada sociedad. Por ejemplo, uno de los objetivos puede ser la protección del medio ambiente o inclusive lograr cero emisiones de CO_2. A partir de estos objetivos, licitantes desarrollan contratos colectivos y las decisiones de los dueños/trabajadores de las cooperativas tienen que estar alineadas a estos contratos colectivos.

La vida útil del producto final.

El impacto ambiental que tendrá el producto durante su vida útil.

El impacto ambiental que tendrá el producto una vez que se convierta en desecho.

Probablemente la mayoría de las sociedades regulen los impactos ambientales de lo producido, comercializado y consumido en su sociedad. Pero dentro de esas regulaciones los trabajadores/dueños tomarán las decisiones que determinarán el impacto ambiental de su producción, comercialización, uso y desecho de sus productos.

El impacto en la salud del ser humano cuando se produce el producto.

En este caso, los propios dueños/trabajadores, serán afectados por cualquier contaminante o peligro en la producción, por lo que ellos mismos serán estimulados a establecer medidas de seguridad para protegerse a sí mismos.

El impacto en la salud del ser humano cuando se consume el producto.

El impacto en la salud del ser humano cuando el producto se convierte en un desecho.

Claro está que las decisiones de los dueños/trabajadores de cada cooperativa tienen que cumplir con todos los contratos colectivos generados gracias a los objetivos de la sociedad y a las otras elecciones económicas.

Por ejemplo: Los trabajadores de las cooperativas pueden decidir trabajar menos horas que las elegidas por todos los miembros de la sociedad, pero no más. Eso ayudará a evitar la autoexplotación y una carrera de cooperativas para auto explotar a los dueños trabajadores para lograr ser más competitivos ante el mercado. Todas las cooperativas compiten en el mercado bajo las mismas circunstancias que los mismos ciudadanos deciden en conjunto.

Si uno de los objetivos de la sociedad es la protección del medio ambiente y, con base en este objetivo se desarrolló un contrato colectivo sobre la protección de un recurso, las decisiones de los trabajadores/dueños no podrán ir en contra de lo estipulado en estos contratos colectivos.

Pero, si todos los trabajadores son dueños de las empresas y se limita la acumulación de dinero y de propiedades en pocas manos ¿Cómo se van a financiar las cooperativas y sus proyectos? ¿De dónde saldrán los recursos para poder financiar los proyectos de la sociedad?

CAPÍTULO 14

Ampliación de oportunidades, posibilidades y libertades.

Una sociedad sin opresión pero sin oportunidades, sin opresión pero sin colaboración, sería una sociedad que no avanza, que se queda estática en el tiempo, sería una sociedad mediocre, de seres humanos temerosos que no pueden innovar, crear, desarrollar, disfrutar y colaborar. Una sociedad sin opresión pero sin oportunidades generaría un *Status Quo* tan grande y fuerte que la misma sociedad se convertiría en el opresor, que el propio miedo y la protección contra la opresión por seres humanos generaría la opresión de los humanos por un sistema rígido. La Objetivocracia Democrática tiene como propósito generar más y más oportunidades, posibilidades y libertades al ser humano por medio de la colaboración libre, cuidando siempre que no se permita la opresión. Con cada acción, la sociedad no sólo debe de proteger, sino de avanzar y aumentar las oportunidades. Por esta razón a los ciudadanos en una Objetivocracia Democrática siempre se les enfrenta con preguntas sobre la ampliación de sus oportunidades, posibilidades y libertades.

En una Objetivocracia Democrática se intenta maximizar la cooperación, mientras se reduce y elimina la opresión. En una Objetivocracia Democrática se debe buscar generar las circunstancias en las que los ciudadanos tienen más oportunidades, posibilidades y libertades para emprender proyectos de distintas complejidades y dimensiones, para poder enfrentar problemas y para poder ampliar el desarrollo y las posibilidades de todos los miembros de la sociedad.

CAPÍTULO 15

Financiamiento

Al reducir la desigualdad económica y la acumulación de poder económico en pocas manos, también se puede reducir la posibilidad de financiar proyectos productivos o cooperativas. Si se limita el poder pero no se le da a los ciudadanos las herramientas y las posibilidades de emprender proyectos de gran escala, entonces se limita la capacidad productiva, de emprendimiento, resolución de problemas y desarrollo de la sociedad.

Es necesario que los miembros de la sociedad tengan los medios para emprender proyectos de gran escala y con grandes ambiciones para poder enfrentar problemas como pandemias o la crisis climática y para reducir el tiempo que el ser humano tiene que dedicar a la actividad productiva y aumentar el tiempo que puede tener para su desarrollo personal, cultural y social.

Cada sociedad tendrá que encontrar las formas en que desean ampliar las posibilidades, opciones y libertades de sus integrantes, el financiamiento es una de las formas en que podrían hacerlo.

Recomendamos generar un sistema de financiamiento que permita que absolutamente todos los miembros de la sociedad dispongan de oportunidades para emprender proyectos y cooperativas, que no discrimine entre clases sociales y que no se convierta en un negocio en sí mismo; sino que el sistema de financiamiento sea sólo un instrumento para ampliar las posibilidades y oportunidades de todos los ciudadanos. Para lograr esto recomendamos establecer un sistema de financiamiento personal y uno cooperativo.

Financiamiento personal:

Lo primero y más importante sobre el sistema de préstamos es que no generen intereses y que estén disponibles de forma equitativa para todos los miembros de la sociedad. Si el préstamo genera intereses, el préstamo se convierte en un medio para enriquecer al prestamista a costa del trabajo de quien pide el préstamo; si el préstamo no genera intereses, entonces sólo es una herramienta para financiar proyectos y para aumentar las posibilidades y oportunidades de todos los miembros de la sociedad.

Para que el sistema de financiamiento sea realmente democrático, es necesario que cualquier integrante de la sociedad pueda pedir un préstamo. Las únicas razones por las que se puede negar un préstamo a un ciudadano es si no ha terminado de pagar un préstamo anterior o se le ha encontrado culpable en casos de corrupción o fraude.

Para asegurar que quienes piden los préstamos los puedan pagar y que los préstamos no sean un lastre sino una herramienta en la sociedad, los préstamos funcionarán como adelantos de sueldo. Esto quiere decir que la sociedad en realidad lo que hace es adelantar una parte del sueldo a sus ciudadanos.
Los miembros de la sociedad tienen que decidir cuál es el máximo de meses de sueldo por adelantado que pueden pedir. Por lo que en cada elección los ciudadanos eligen cuantos meses de sueldo se pueden pedir por adelantado; y el número final será el promedio del número estipulado por todos los ciudadanos.

Por ejemplo:
En una sociedad de 10 personas:
Un ciudadano elige que se puedan pedir tres meses de sueldo por adelantado.
dos ciudadanos eligen seis meses.

cinco ciudadanos eligen doce meses.
dos ciudadanos eligen veinticuatro meses.
El promedio entre lo elegido por todos los ciudadanos es 12.3, por lo que los ciudadanos podrán pedir un máximo de 12.3 meses de su sueldo por adelantado.

El tiempo que tendrán disponible los ciudadanos para pagar su préstamo también será obtenido por promedio entre lo decidido por todos los ciudadanos. Esto quiere decir que los ciudadanos eligen en cuánto tiempo tienen que pagar los préstamos que han pedido. Para obtener este número se le pide a los ciudadanos elegir el número por el que se multiplicarán los meses de sueldo adelantado para obtener los meses de pago.

Esto quiere decir que los ciudadanos tendrán que responder a las siguientes preguntas:
¿Cuántos meses de su sueldo se le puede adelantar o prestar a un ciudadano?

Prestamo = Sueldo X # de meses de sueldo adelantado

¿Por cuanto se multiplican los meses adelantados para obtener los meses que tendrán para pagar los préstamos?

Tiempo para pagar el préstamo = # de meses de sueldo adelantado X # de financiamiento

Por ejemplo:

Un ciudadano gana $100 al mes.
Pide doce meses de su sueldo por adelantado.
Préstamo = $100 X 12 = $1,200
El # de financiamiento máximo que eligieron los ciudadanos es cuatro, por lo que el ciudadano puede elegir que pagará su préstamo en
=
12 meses X 4 = 48 meses
Esto quiere decir que el ciudadano tendrá 48 meses para pagar $1,200 de préstamo.

De esta forma todos los ciudadanos tienen acceso a préstamos bajo las mismas condiciones. Condiciones que los mismos ciudadanos eligieron; y que los préstamos no generan intereses que enriquecen a los prestamistas. El sistema financiero se convierte en una herramienta para uso y aprovechamiento de toda la sociedad, no para el enriquecimiento de algunos.

Financiamiento cooperativo

Los préstamos a las cooperativas estarán relacionados directamente a la cantidad de ciudadanos que son parte de la cooperativa. Esto quiere decir que entre más trabajadores/dueños son parte de la cooperativa, más dinero pueden pedir.

Todos los ciudadanos pueden formar cooperativas y pedir préstamos; los préstamos cooperativos sólo se pueden rechazar si los miembros de la cooperativa no han terminado de pagar otro préstamo cooperativo, si los integrantes de la cooperativa están retrasados en los pagos de sus préstamos personales, o si han sido condenados por corrupción o fraude. Esto quiere decir que un ciudadano puede tener al mismo tiempo un prestamo cooperativo y uno personal, mientras esté al corriente con sus pagos. Pero si un ciudadano no está al corriente con sus pagos de un préstamo personal, entonces no puede participar en un préstamo colectivo.
Por ejemplo, si la cooperativa tiene diez miembros y uno de ellos ha sido condenado por corrupción o fraude, entonces la cooperativa sólo puede pedir el préstamo que corresponde a los otros nueve miembros.

Para estos préstamos no se toma en cuenta el sueldo de quienes piden el préstamo, sino el promedio del sueldo de todos los integrantes de la sociedad. Esto quiere decir que tanto los que más tienen, como los que menos tienen, pueden pedir las mismas cantidades de dinero en prestamos cooperativos. Pues los préstamos en este caso tienen como propósito ampliar las posibilidades y oportunidades de todos los integrantes de la sociedad de forma equitativa. Esto quiere decir que todos los integrantes de la sociedad tendrán acceso a los mismos préstamos. Los hijos de los que más tienen y los hijos de los que menos tienen pueden pedir la misma cantidad de préstamo cooperativo para financiar sus proyectos. Por lo que la diferencia de la distribución económica con la que inicia una persona no determinará sus posibilidades de emprendimiento. En este caso lo que se adelanta es un sueldo potencial que podrían obtener los miembros de la cooperativa. Ese sueldo potencial es el promedio de sueldos de todos los integrantes de la sociedad.

En este caso los préstamos se obtendrán de la siguiente manera:

Préstamo = Promedio del sueldo mensual de todos los integrantes de la sociedad X meses por adelantado X # de integrantes de la cooperativa.

Por ejemplo:

El sueldo promedio de los integrantes de una sociedad es de $100.
El número de integrantes de una cooperativa es de veinte dueños / trabajadores.
Los meses de sueldo pedidos por adelantados son doce.

Préstamo = $100 X 20 X 12 = $24,000

Durante el periodo en que la cooperativa está pagando su préstamo, los miembros de la cooperativa no pueden tener sueldos mayores al promedio del sueldo de la sociedad y todos los dividendos de la cooperativa son dirigidos para pagar la deuda. Los préstamos se pagan con los dividendos, y mientras exista un préstamo, los sueldos de todos los integrantes de la cooperativa están limitados.

Estos préstamos son solicitados en nombre de toda la cooperativa, por lo que si la cooperativa quiebra o se disuelve, el préstamo se divide equitativamente entre todos los miembros de la cooperativa y pasa a ser un préstamo personal.

Permitir que existan préstamos a la disposición de todos los ciudadanos amplía las posibilidades y oportunidades de todos los ciudadanos de forma equitativa. Todos los ciudadanos se pueden reunir para colaborar y emprender proyectos en conjunto que pueden financiar por medio de prestamos cooperativos. Cuando solamente los más ricos dentro de la sociedad pueden emprender proyectos, las oportunidades de los pobres están limitadas y están sujetas a los más ricos, por el contrario; cuando todos los ciudadanos tienen la capacidad de emprender proyectos y conseguir la misma cantidad de financiamiento, entonces todos los ciudadanos verdaderamente tienen las mismas oportunidades; ahora sí dependerá de la capacidad de los dueños/trabajadores si las empresas son exitosas o no. Este sistema de financiamiento amplía las posibilidades y oportunidades de todos sin permitir que el exceso de recursos económicos de unos pocos les conceda tener el poder para excluir a otros de la posibilidad de emprender sus propias empresas.

Inversión de la sociedad en cooperativas

Claro que hay proyectos que pueden costar mucho más de lo que pueden pedir los ciudadanos por medio de los prestamos cooperativos, por lo que pueden requerir financiamiento aún mayor. Para lograr financiar este tipo de proyectos, los ciudadanos pueden pedir una inversión de riesgo por parte de la sociedad. Este financiamiento ya no funcionará en relación a los sueldos ni al número de trabajadores/ dueños de una cooperativa; sino que será una inversión directa de la sociedad en la cooperativa.

Para obtener esta inversión la cooperativa tiene que presentar un plan empresarial que será evaluado por un comité elegido por sorteo entre los miembros de la asamblea de administradores. Este comité tendrá que evaluar la posible inversión, su rentabilidad, su viabilidad, su impacto social, ambiental y económico con respecto a los objetivos de la sociedad. Si los miembros del comité encuentran que el proyecto es viable, rentable y no va en contra de los objetivos de la sociedad, entonces se genera la inversión en la cooperativa. Esto convertirá a la sociedad completa en dueña parcial de la cooperativa. Con derecho a recibir dividendos proporcionales a su inversión.

Por ejemplo:
Si en una cooperativa en la que trabajan veinte dueños piden un préstamo cooperativo de $24,000 y una inversión de otros $24,000. Entonces la sociedad tendrá derecho al 50% de los dividendos generados por esa cooperativa.

Si una cooperativa que pidió una inversión quiebra o se disuelve, la inversión no se transfiere como deuda a los integrantes de la cooperativa; pues fue una inversión de riesgo la que hizo la sociedad en el proyecto de la cooperativa.

Por ser una inversión de riesgo quiere decir que no todos los proyectos tienen que ser aprobados. Mientras que los préstamos personales y corporativos no pueden ser rechazados, las inversiones pueden ser rechazadas por su falta de rentabilidad, viabilidad, porque son contrarias a los objetivos de la sociedad, o por falta de fondos en la sociedad.

Esto quiere decir que los préstamos no son evaluados por su rentabilidad y viabilidad y están disponibles a todos por igual, pero las inversiones sí dependen de una evaluación de rentabilidad y viabilidad; pero al ser una inversión, de ser exitoso el proyecto emprendido, la sociedad completa recibe los beneficios de estos proyectos.

Préstamo de un dueño/trabajador a su cooperativa

Para formar una cooperativa pueden ser necesarios más recursos económicos de los que se pueden obtener por medio del préstamo cooperativo y los miembros de la cooperativa pueden preferir no buscar la inversión de la sociedad completa, por lo que los miembros de la cooperativa pueden prestar sus propios ahorros a la cooperativa. Estos ahorros estarán limitados por la cantidad que la sociedad ha establecido como el máximo de recursos económicos que puede acumular un miembro de la sociedad cada año, sin embargo, combinados con el préstamo cooperativo, pueden ser una cantidad considerable que permita a la cooperativa obtener los recursos necesarios para iniciar labores. Es necesario recalcar que independientemente de la cantidad que cada miembro preste a la cooperativa, todos los trabajadores/dueños, son dueños por igual y tienen derecho a la misma cantidad de dividendos. Sólo se permiten préstamos sin intereses a las cooperativas, no inversiones, por los que los que realizaron el préstamo sólo tienen derecho a que se les pague su dinero de vuelta. Los primeros dividendos que obtiene la cooperativa van dirigidos a pagar los prestamos cooperativos que la cooperativa pidió a la sociedad; una vez pagado el préstamo cooperativo, los siguientes dividendos van dirigidos a pagar los préstamos que los dueños/trabajadores hicieron a la cooperativa; una vez saldada la cuenta de todos los préstamos, se dividen las ganancias de la cooperativa por igual entre todos los miembros de la cooperativa. Esto quiere decir que si una persona presta dinero a su cooperativa, no tendrá más derechos que otros a las ganancias, ni más poder de toma de decisiones, sólo que este préstamo permitirá el arranque de operaciones de la cooperativa, que antes de poder repartir dividendos a todos, tienen que saldar la deuda con el prestamista; quien una vez que se paga este préstamo, tiene los mismos derechos a la misma cantidad de dividendos que todos los otros miembros de la cooperativa.

Inversión extranjera

Entre más personas cooperan, colaboran y participan en una sociedad libre, más se amplían las posibilidades, opciones y libertades de todos los integrantes de la sociedad. Por lo que lo ideal es que se pueda colaborar en proyectos de emprendimiento entre integrantes de distintas sociedades. Esto es, se generarían proyectos empresariales que trascienden los límites de una sociedad. Los miembros de distintas sociedades pueden participar en proyectos en conjunto. Pero, ¿de dónde vendrá el financiamiento en estos casos? ¿Quién tendrá el poder de toma de decisiones? ¿Cómo se distribuirán las ganancias? Lo ideal en estos casos es que una asamblea de ciudadanos trabaje para desarrollar preguntas cuyas respuestas puedan ser promediadas.

Todas las empresas que trabajan en una sociedad que busca organizar su economía por medio de la Objetivocracia Democrática son cooperativas, pero esto no tiene que ser el caso para todas las empresas extranjeras con las que colabore comercialmente la sociedad. Por lo que surgen dos opciones:

1. Colaboración económica entre dos cooperativas de distintas Objetivocracias Sociales Democráticas.

Cuando la inversión extranjera proviene de una cooperativa que opera dentro de una sociedad que organiza su economía con el sistema de la Objetivocracia Democrática, la inversión extranjera funciona de la misma forma en que funciona un préstamo de uno de los dueños/trabajadores dentro de la misma sociedad. Una cooperativa extranjera pone el capital semilla que les será devuelto por medio de los dividendos; una vez devuelto todo el dinero utilizado como capital semilla, todas las ganancias se dividen equitativamente entre todos los miembros de la cooperativa. Esto implica que los miembros de una cooperativa extranjera se asocian con dueños/trabajadores de la sociedad para formar una cooperativa internacional; en la que el capital semilla puede salir tanto del financiamiento de cooperativas de cualquiera de las dos sociedades, como de préstamos de dueños/trabajadores, como de inversión de riesgo de una o ambas sociedades, o inclusive de un préstamo de los miembros de la cooperativa de una de las sociedades en la cooperativa internacional que inician. Una vez que se pagan los financiamientos cooperativos, se procede a pagar los préstamos de los dueños/trabajadores, posteriormente los préstamos de la cooperativa extranjera y una vez saldada la cuenta del financiamiento y los préstamos, los dividendos son repartidos equitativamente entre los miembros de la cooperativa internacional, sin importar su lugar de residencia. Esto significa que las ganancias se dividen equitativamente entre todos los miembros de la cooperativa, sin importar de qué sociedad provienen las ganancias y en qué sociedad viven y trabajan unos de los miembros de la cooperativa. En estos casos todo funciona como si fuesen una cooperativa normal, con la sola diferencia de que el capital inicial y los dueños/trabajadores pueden ser de distintas sociedades.

2. Colaboración económica entre una Objetivocracia Democrática y otro tipo de sociedad.

Si una empresa o una persona de otra sociedad que no opera con cooperativas decide invertir en la sociedad, también tiene la posibilidad de hacerlo, en este caso se forma una cooperativa internacional con los inversionistas de la otra sociedad, las operaciones son las mismas que en una cooperativa, pero los dividendos de la empresa extranjera son proporcionales al porcentaje de la inversión que realizaron para poder abrir la cooperativa. Al momento de formar la cooperativa internacional, los trabajadores/dueños piden un préstamo cooperativo a su propia sociedad y lo que hace falta del financiamiento es aportado por la empresa extranjera. Los dividendos de la cooperativa internacional se reparten de acuerdo a la inversión inicial.

Por ejemplo: Una empresa extranjera aporta el 80% del financiamiento de una cooperativa. Los dueños/trabajadores se reparten equitativamente el 20% de los dividendos mientras el 80% va a la empresa extranjera.

Para estos casos los ciudadanos pueden elegir un porcentaje máximo de dividendos que puede ganar una cooperativa extranjera y los impuestos que aplicarán a los dividendos que sacan del país estas cooperativas extranjeras.

Por lo que los ciudadanos tendrán que responder a las siguientes preguntas:

¿Cuál es el porcentaje máximo de dividendos que puede obtener una cooperativa extranjera?

____________ % porcentaje máximo de dividendos que puede obtener una cooperativa extranjera.

¿Cuál es el porcentaje de impuestos que se aplicarán a las ganancias de una cooperativa extranjera?

____________% de impuestos a los dividendos de una cooperativa extranjera.

Al poner un máximo a los dividendos que puede ganar una cooperativa extranjera por su inversión o financiamiento de proyectos en una sociedad se asegura que no exista explotación de los trabajadores de una sociedad por los dueños o inversionistas que provienen de otra sociedad. El porcentaje de impuestos que se ponen sobre las ganancias de la cooperativa extranjera también asegura que los beneficios y la riqueza generada gracias al trabajo de los miembros de una sociedad beneficie a la misma sociedad. Si los dividendos salen de la sociedad, entonces los beneficios del trabajo los aprovechan los miembros de otra sociedad.

Comercio Exterior y Autosuficiencia Nacional

Cuando hablamos de la inversión extranjera, inevitablemente entramos en temas de comercio exterior. El comercio entre sociedades, entre países puede ser de gran beneficio para los integrantes de una sociedad, pues implica la unión de esfuerzos, tiempo, energía, conocimientos y recursos para generar riqueza. Sin embargo también puede generar una gran dependencia, explotación de recursos y de personas y acabar con recursos, mercados, producciones y culturas locales. El comercio exterior puede traer grandes beneficios, pero también grandes problemas, los miembros de cada sociedad deben de ponderar los beneficios y los problemas del comercio exterior y, con esto en mente, tomar decisiones de forma democrática para el control y el estímulo del comercio exterior. Decidiendo ellos en qué sectores de la economía desean colaborar con otras sociedades y cuáles prefieren aislar del comercio exterior.

Los temas principales que se tienen que tomar en cuenta a la hora de hablar de comercio exterior son:

1. La dependencia de otras sociedades para proveer de lo básico a los miembros de la sociedad.

2. La extracción de recursos naturales básicos o productos básicos de una sociedad para ser llevados a un mercado más lucrativo generando escasez o encarecimiento del recurso dentro de la

sociedad productora.

3. La explotación de recursos naturales de una sociedad para enriquecer a otra sociedad.

4. La explotación de los trabajadores de una sociedad para enriquecer a otra sociedad.

5. La fuga de capitales como respuesta a un cambio social o político.

El comercio entre sociedades genera grandes oportunidades, pero puede presentar grandes peligros. Los tratados de comercio y los aranceles en la actualidad son utilizados para proteger ciertas producciones nacionales y para estimular la venta de otros productos. Si estos tratados de comercio los desarrollan unas cuantas personas, pueden no tomar en cuenta los intereses de ciertos grupos de la población mientras dan prioridad a los intereses propios o de los grupos con los que más se relacionan.

Por ejemplo, un tratado de comercio puede aumentar la producción industrial de un país y al mismo tiempo dañar la producción agrícola, y con esto empobrecer a las comunidades que se dedican al campo.

Para que sea una verdadera democracia, todos los integrantes de la sociedad deben de decidir cómo van a regular el comercio exterior. Sobre estos temas, una asamblea o licitantes también propondrán las preguntas sobre las que los ciudadanos tienen que decidir, buscando que sean preguntas fáciles de entender y de preferencia cuyos resultados sean promediables.

Por ejemplo:

¿Qué productos piensas que se deberían de producir en tu sociedad, sin importar que sea más barato importarlos de otra sociedad? ¿En qué porcentaje piensas que se deberían de producir dentro de tu sociedad?

Producto   Porcentaje

_______________________   _______________ %

__________________   _________________ %
__________________   _________________ %
__________________   _________________ %
__________________   _________________ %

¿Qué productos de los que se producen en tu sociedad piensas que deberían de venderse primero dentro de tu sociedad y sólo una vez que se cubre la demanda local pueden ser exportados fuera de la sociedad? Si eliges madera en 50% esto implica que mínimo el 50% de la madera producida tiene que ser vendida en tu sociedad.

Producto   Porcentaje
__________________   _________________ %
__________________   _________________ %
__________________   _________________ %
__________________   _________________ %
__________________   _________________ %

¿Qué recursos naturales piensas que deberían de poder extraer cooperativas extranjeras? ¿En qué cantidades?

Producto   Porcentaje
__________________   _________________ %
__________________   _________________ %
__________________   _________________ %
__________________   _________________ %
__________________   _________________ %

¿Qué porcentaje de la economía puede depender de la importación de productos?
________________ %

¿Qué porcentaje de la economía puede depender de la exportación de productos?
________________ %

Los porcentajes de cada respuesta se promedian para obtener el porcentaje de protección que las sociedades darán a sus mercados, productos y recursos.

CAPÍTULO 17

Bancos y moneda

Uno de los aspectos más importantes en una sociedad es la moneda por medio de la cual se intercambian diferentes bienes, servicios, recursos y trabajos. En la actualidad, las personas que controlan los bancos centrales de los países de todo el mundo deciden cuánto dinero se pone en circulación y cuánto sale de circulación. La decisión del dinero que se "genera" y que se "retira" de circulación es una de las decisiones de las que más depende la economía de un país. Pues determina la relación entre el dinero y los productos y servicios por los que se puede intercambiar. El dinero representa un potencial de intercambio, la estabilidad de una moneda depende de la constancia de este potencial de intercambio que tiene el dinero que circula contra los productos y servicios que se ofrecen en el mercado. Cuando crece la economía es porque crece la cantidad de productos y servicios disponibles en el mercado y a la misma velocidad crece la cantidad de dinero en circulación. Si en una sociedad crece la cantidad de productos y servicios disponibles pero no crece la cantidad de dinero circulando, la economía se estanca, ocurre una deflación, el dinero sube de valor y es difícil ponerlo en circulación. Cuando hay poco dinero circulando, el dinero tiene más valor que los productos o servicios disponibles en el mercado, por lo que las personas suelen gastar menos dinero, bajando la demanda de productos y servicios y reduciendo las oportunidades de empleo en la sociedad. Cuando el dinero circulando es más que los productos y servicios disponibles, el dinero pierde su capacidad de adquisición y ocurre una inflación, esto estimula a las personas a gastar el dinero, pues conforme pasa el tiempo, su dinero vale menos; si el dinero va a valer menos mañana de lo que vale hoy, lo mejor es gastarlo hoy, este gasto genera demanda por más productos y servicios y esto genera más posibilidades de empleo. Usualmente cuando hay una inflación moderada la economía se expande de forma moderada, las personas gastan su dinero consumiendo productos y servicios y esto genera más oportunidades de empleo.

La decisión de imprimir más o menos dinero esta relacionada a la inflación, a la deflación, al desempleo y al crecimiento económico de una economía. Por lo que la cantidad de dinero que se permite que se encuentre en circulación es uno de los aspectos más importantes en una economía, y qué más afecta a la vida de todos los miembros de una sociedad.

Las decisiones que se toman dentro de un banco central afectan la vida de todos los ciudadanos de una sociedad; por lo que, si uno de los principios democráticos es que las decisiones que afectan a los ciudadanos deberían de estar en las manos de los propios ciudadanos, entonces las decisiones que tienen que ver con el banco central deberían de estar en manos de los ciudadanos. Si realmente se desea vivir en un sistema democrático, entonces los bancos centrales también deben de funcionar de forma democrática.

Tecnócratas en los bancos centrales

En la actualidad casi todos los países del mundo tienen un banco central que imprime o saca dinero de circulación de acuerdo a las decisiones de unos cuantos tecnócratas que toman estas decisiones a discreción con sus propios objetivos en mente y no necesariamente los de la población en general. Las decisiones que ellos toman afectan la vida de todos los integrantes de la sociedad. Estos tecnócratas usualmente no están sujetos al escrutinio del ojo público, no son elegidos y realmente no responden a la sociedad.

El argumento que más me he encontrado a favor de dejar el gobierno de los bancos centrales a un puñado de tecnócratas es:

"El trabajo de un banco central es muy importante y complicado, por lo tanto debe de estar en manos de los que más saben, por lo que lo mejor es que estén en manos de economistas y banqueros que son los que más saben de la economía. La gente no sabe de economía y por lo tanto si toman decisiones que afecten al banco central, van a arruinar la economía. Los políticos buscan los beneficios a corto plazo y por lo tanto, las medidas que tomen en los bancos centrales van a sacrificar el futuro por ganancias en el presente, por lo tanto no deberían de estar involucrados en las decisiones del banco central."

Este argumento está dividido en seis partes:

1. El trabajo del banco central es muy importante.

2. El trabajo del banco central es muy complicado.

3. Los economistas son los que más saben de economía y por lo tanto son los mejor preparados para tomar decisiones en los bancos centrales.

4. Los banqueros son de los que más saben de bancos y por lo tanto son de los mejor preparados para tomar decisiones en los bancos centrales.

5. La gente no sabe de economía y por lo tanto no puede tomar decisiones económicas.

6. Los políticos van a sacrificar el futuro por ganancias aparentes a corto plazo.

Argumento 1: El trabajo del banco central es muy importante.

Las decisiones que toman los bancos centrales afectan a toda la economía, afectan el valor del dinero en sí mismo, y por lo tanto el valor de los ahorros, la estabilidad de los precios, la riqueza de una sociedad, la cantidad de dinero circulando dentro de la sociedad, los niveles de desempleo y la capacidad de las personas para planear su futuro y emprender proyectos de largo plazo. Efectivamente las decisiones que se toman en un banco central son de suma importancia y afectan en muchísimos sentidos a todos los integrantes de la sociedad.

Argumento 2: El trabajo del banco central es muy complicado.

En mi opinión las decisiones bancarias suelen ser comunicadas por medio de términos y jerga oscurantista que convierte al lenguaje en una brecha que divide a la sociedad entre los que conocen y utilizan el lenguaje bancario y los que no. Con esto quiero decir que, si se hiciese un esfuerzo por comunicar la situación económica en lenguaje y términos sencillos y de uso común, más personas podrían entender lo que sucede con la economía; esto no quiere decir que todos se volverían expertos en economía, sino que, con el lenguaje adecuado, una mayor cantidad de personas podrían entender qué está sucediendo con la economía, los objetivos y las medidas que están tomando los bancos centrales.

Habiendo dicho lo anterior, es la postura de algunos de los economistas más importantes del siglo pasado, como John Maynard Keynes y Friedrich Hayek, que la economía es tan grande y complicada que es imposible que una persona o un grupo de personas conozcan y entiendan todo lo que hay que conocer de la economía. Por lo que los bancos centrales siempre están actuando con un gran grado de ignorancia y especulación. Los efectos de las acciones que toma un banco central son tan grandes y fuertes sobre una economía, y la economía de un país y del mundo completo es tan grande y compleja, que efectivamente el trabajo en un banco central es muy complicado.

Argumento 3: Los economistas son los que más saben de economía y por lo tanto son los mejor preparados para tomar decisiones en los bancos centrales.

Este argumento es muy curioso pues, por la sola relación entre las palabras economía y economista se establece un vínculo lingüístico que puede llevar a la consideración de que el economista es el mejor preparado para guiar una economía. Sin embargo, este argumento asume que todos los economistas siguen las mismas ideas y principios sobre el funcionamiento de la economía, lo cual no es verdad, pues existen muchas teorías sobre el funcionamiento de la economía, la moneda y el papel de los bancos centrales. Algunas de estas teorías difieren en los papeles que un banco central debería de jugar en la economía, otras en el propósito y los objetivos que debería de tener un banco central y otras teorías difieren sobre los medios para lograr estos objetivos. Algunos de los economistas más influyentes del último siglo tienen posturas completamente opuestas sobre los papeles, objetivos y metodologías de acción de los bancos centrales.

Por ejemplo el economista Inglés John Maynard Keynes abogaba por la inyección de dinero a la economía por medio de préstamos con bajos intereses, programas sociales y gasto público para reducir el desempleo y subir la capacidad de demanda de una sociedad, aunque esto tuviera como consecuencia el aumento en la inflación. Él mantenía que mientras la economía se mantuviese en movimiento, la inflación no tenía consecuencias significativamente negativas para la sociedad.

Por otro lado el economista Americano Milton Friedman abogaba que el objetivo de la política monetaria de un país debería de ser la estabilidad de precios, esto es que la moneda mantuviese su valor y no existiera inflación y que el desempleo era algo natural que no debería de preocupar a quienes hacen la política monetaria de un país. Friedman abogaba por la privatización de toda la industria y consideraba que los gobiernos no deberían de afectar la economía por medio del gasto público. Ambos economistas han influido en gran medida las decisiones económicas de todos los países del mundo en los últimos cien años. Mientras que la teoría económica de uno afirma que cierto porcentaje de desempleo es natural y no debería ser causa de alarma ni preocupación y que el objetivo principal del banco central es la reducción del desempleo; el otro afirma que cierto grado de inflación es positiva y que lo que más debería de preocupar a los gobiernos y economistas es la reducción del desempleo.

Cuando se habla de que una persona sabe de economía, no necesariamente se toma en consideración la postura que tiene con respecto al gasto público, a la impresión de dinero, o si da prioridad a la inflación o a reducir el desempleo. Cuando se afirma que los economistas se deberían de encargar de la economía de un país, no se está definiendo el tipo de economistas, los objetivos ni los métodos de acción de estos economistas. La misma información económica y los mismos objetivos económicos pueden ser interpretados de distintas formas por economistas que interpreten la economía desde la perspectiva de Keynes y por los que la interpreten desde la perspectiva de Friedman; aún más extremo que eso, podríamos interpretar la economía desde la perspectiva marxista, desde la neoliberal o desde la teoría monetaria moderna y obtendríamos distintas explicaciones de cuál es la situación actual de la economía, por qué y qué se tiene que hacer para mejorarla.

No existe una única forma de interpretar la economía, no existe una única escuela económica, ni una única forma de interpretar el papel que los gobiernos podrían tener para influir en la economía de un país. El afirmar que los economistas se deberían encargar de la economía de un país no dice nada sobre la perspectiva, los poderes ni las metodologías que pueden aplicar los economistas para lograr sus objetivos, y mucho menos es un pronunciamiento sobre los objetivos económicos de una sociedad. Decir que los economistas se deben encargar de la economía de una sociedad, no dice nada sobre cuál es el objetivo de estos economistas.

Para entender mejor esto podríamos pensar en una ley que estipule que sólo los choferes deberían de conducir autos, y que los ciudadanos no deberían de indagar en el destino al que conducirán los choferes ni los caminos que tomarán para llegar a ellos, esto evidentemente es absurdo. Un chofer podrá tener mayor habilidad a otras personas para conducir un auto. Pero no tendría sentido decir que los choferes son los únicos que pueden elegir los destinos a los que llegarán los pasajeros, ni tendría sentido asegurar que los pasajeros no deben de conocer ni opinar sobre el destino o las rutas elegidas para llegar a ellos.

Mientras los economistas pueden tener un mayor entendimiento que los no economistas sobre las herramientas a la disposición de un banco central para influir en la economía, los economistas no tendrían por qué ser los únicos con el poder de decidir los objetivos del banco central, y sus deliberaciones, racionamientos y metodologías, no tienen razón para estar ocultas del escrutinio del ojo público.

Esto tampoco quiere decir que sólo los que estudiaron economía o tienen cierto diploma pueden saber sobre economía. Tomando en consideración temas tan complejos como la economía, podría esperarse que en realidad equipos de personas con diversos conocimientos podrían llegar a conclusiones más acertadas sobre el manejo de la economía que sólo economistas. Pues la economía no es una ciencia exacta que trata con reacciones deterministas y necesarias como la química o la física. La economía es sobre seres humanos que toman decisiones sobre lo que hacen con su tiempo y recursos. Al tratarse sobre decisiones de personas, decisiones que pueden estar sesgadas por emociones, como el miedo o el nacionalismo, podríamos argumentar que en realidad, un equipo que reúne economistas, sociólogos, psicólogos y otras profesiones, está más preparado para tomar decisiones sobre la economía que sólo un equipo de economistas.

Argumento 4: Los banqueros son de los que más saben de bancos y por lo tanto son de los mejores preparados para tomar decisiones en los bancos centrales.

Este argumento es una falacia, pues el objetivo de un banco privado es la generación de la riqueza para los accionistas del banco y no para todos los que utilizan el banco y mucho menos para toda la sociedad. Esto quiere decir que los banqueros exitosos saben cómo lograr el objetivo de generar ganancias económicas para el banco y sus inversionistas; no necesariamente cómo alcanzar los objetivos que la sociedad desea que el banco central logre. Por lo que el argumento de que los banqueros son de los mejor preparados para tomar las decisiones de un banco central, es un argumento que asume que el objetivo del banco central es la generación de la riqueza para pocos y no para todos. Si los ciudadanos deciden que el objetivo del banco central no es la generación de riqueza de unos pocos, entonces los banqueros no están mejor preparados que los otros ciudadanos para tomar decisiones que afecten la economía de todo el país.

De nuevo, aquí se genera una falacia por la relación del nombre de banco central y banquero. Pues la función y los objetivos de un banquero pueden ser completamente diferentes a las funciones y objetivos que la sociedad requiere del banco central.

Por otro lado el funcionamiento de un banco central no tiene nada que ver con el funcionamiento de un banco privado, pues éste funciona con el dinero que individuos depositan en su banco; mientras que el banco central funciona con el dinero que él mismo genera. El banco privado necesita que se deposite dinero en sus cuentas, puede cobrar por el uso del banco y puede invertir el dinero para generar ganancias. El Banco Central no recibe dinero de un depósito, sino que imprime dinero y lo inyecta a la economía por medio del sistema financiero o del gasto público. Aunque "Banco Privado" y "Banco Central" tienen "Banco" en su nombre, su funcionamiento y operación no es para nada similar, por lo que un banquero privado, no está más capacitado que otros ciudadanos para operar un banco central.

Argumento 6: La gente no sabe de economía y por lo tanto no puede tomar decisiones económicas.

Este argumento es una profecía autocumplida. Básicamente lo que sucede cuando se toman acciones para separar a "la gente" de las decisiones, es que se les quita el incentivo para adquirir el conocimiento y la forma en que pueden adquirir experiencia sobre el tema; y por lo tanto, se confirma su "ignorancia" en el presente y se asegura su "ignorancia" en el futuro. Si se separa a las personas de las decisiones y las acciones, y no se les permite siquiera conocer los objetivos y los medios por los cuales se pretenden lograr los objetivos de los bancos centrales, entonces efectivamente todos los ciudadanos serán ignorantes de todo lo referente a un banco central.

Por otro lado, no es necesario que los ciudadanos sepan todo sobre el funcionamiento de un banco central, en una Objetivocracia Democrática, basta con que sepan definir los objetivos que desean que el banco central tenga.

Argumento 5: Los políticos van a sacrificar el futuro por ganancias aparentes a corto plazo.

Esto es verdad en las democracias representativas por elección. Los políticos suelen preferir resultados vistosos a corto plazo que resultados positivos a largo plazo. Este es uno de los problemas de las democracias representativas por elección que presentamos en el libro "Objetivocracia Democrática". Sin embargo, este no es un argumento en contra de la democratización de la banca central de un país. Pues el argumento básicamente dice que los políticos utilizarán la banca para buscar sus propios objetivos, y que, como el objetivo de los políticos es ser aceptados por el público para ganar popularidad y así poder seguir buscando más puestos políticos, entonces los políticos tomarán decisiones que generen resultados positivos a corto plazo y que puedan traer resultados negativos a largo plazo. En realidad esta crítica es a que una persona o grupo de personas utilice el banco central o la economía completa para obtener un beneficio personal. Esta crítica aplica para cualquier persona o grupo que tengan poder en el banco central, pues, si un grupo de personas, y no la sociedad completa, deciden los objetivos del banco central y de la economía completa, no hay nada que asegure que estos objetivos no sean contrarios a los intereses de todos los ciudadanos. Solamente con un proceso verdaderamente democrático se puede asegurar que los bancos centrales no se usen para el beneficio de pocos y la opresión de muchos.

CAPÍTULO 18

El banco central en una Objetivocracia Democrática

Existen muchas formas en que se puede manejar la economía o la banca de una Objetivocracia Democrática, a continuación expondré los principios básicos de una propuesta. Estoy seguro que con la colaboración de más pensadores podremos mejorar este sistema o desarrollar uno aún mejor.

En una Objetivocracia Democrática se reconoce que, aunque existan personas mejor preparadas que otros para lograr ciertos objetivos, los objetivos siempre deben de ser decididos por la sociedad completa de forma democrática; y que, si se decide dar la responsabilidad a una persona o a un grupo para lograr cierto objetivo, los ciudadanos van a juzgar su plan de acción y sus resultados.

La política monetaria de una Objetivocracia Democrática está dividida en cinco partes:

1. Los ciudadanos eligen los objetivos económicos para el banco central.

2. Ciudadanos y cooperativas privadas presentan proyectos en donde proponen planes de acción que tendría que tomar el banco central para lograr los objetivos elegidos por toda la sociedad.

3. Los administradores eligen un plan entre los propuestos por los ciudadanos licitantes.

4. Los licitantes ejecutan el plan.

5. Los resultados son juzgados por los auditores y por los mismos ciudadanos.

La decisión de los objetivos económicos

En una Objetivocracia Democrática, los objetivos del banco central son decididos por todos los ciudadanos en conjunto. Sin embargo tenemos que reconocer que no todos los objetivos son compatibles entre sí, buscar un objetivo muchas veces implica negar o alejarse de otro objetivo. Por lo que lo ideal es que se diseñen preguntas para que los ciudadanos elijan los objetivos de la sociedad con las siguientes características:

1. Den el mayor control posible de los objetivos de la economía a los ciudadanos.

2. Permitan a los ciudadanos entender que cuando se elige un objetivo, se rechaza o se alejan de otro posible objetivo.

3. Las respuestas a las preguntas puedan ser promediables para lograr generar cohesión social con el promedio de lo elegido por todos los ciudadanos y así no generar perdedores y ganadores y por lo tanto opresores y oprimidos.

Las preguntas con las características anteriores las pueden desarrollar comités de ciudadanos elegidos por sorteo que reciben asesoría y propuestas de economistas, psicólogos, sociólogos, etc.. O se puede abrir una licitación para que personas, grupos o cooperativas desarrollen propuestas de las preguntas que permitirán a los ciudadanos elegir los objetivos económicos de su sociedad.

Por ejemplo:

Los objetivos más claros y opuestos que suelen tener las economías y las teorías económicas son, por un lado la reducción del desempleo y por el otro lado la estabilidad de los precios o, en otras palabras el control de la inflación. Por lo que una de las preguntas principales que se podrían presentar a la ciudadanía podría ser elegir, entre la reducción del desempleo o la reducción de la inflación. Esta reducción del desempleo o la inflación se puede plantear con respecto a los datos generados el año anterior.

Si en un año el desempleo en una sociedad es de 6% y la inflación creció en un 4% entonces se puede generar una pregunta con las siguientes características.

Pregunta:

En este momento la inflación es del 4% y el desempleo de 6%, para reducir el desempleo se puede aumentar la inflación, pero esto quiere decir que el dinero vale menos. Por otro lado reducir la inflación tiene como resultado que el dinero vale lo mismo o más, pero suelen perderse empleos.

Decide el porcentaje de la inflación y por lo tanto si decides reducir o aumentar el desempleo. Recuerda que suele estar directamente relacionado el aumento a la inflación con la disminución del desempleo, pero la relación no es proporcional, esto quiere decir que aumentar la inflación en 1% no siempre reduce el desempleo en 1%. Por medio del banco central sólo podemos aumentar o reducir la inflación, pero no tenemos un control directo sobre el desempleo. Decide si prefieres dar prioridad a la reducción del desempleo o a la reducción de la inflación. Si decides reducir el desempleo, elige la inflación permitida y dentro de esa inflación buscaremos tomar las medidas para reducir el desempleo lo más posible. Si deseas reducir la inflación, buscaremos reducir las inflación aumentando el desempleo lo menos posible.

+ Inflación ________ % Inflación actual 4%   - Inflación ________ %
- Desempleo   Desempleo actual #   + Desempleo

Las respuestas de todos los ciudadanos se promedian para obtener el objetivo de la sociedad completa.

Por ejemplo, en una sociedad de 10 personas se pueden obtener las siguientes respuestas:

Persona 1: Inflación 5%
Persona 2: Inflación 3%
Persona 3: Inflación 8%
Persona 4: Inflación 9%
Persona 5: Inflación 2%
Persona 6: Inflación 4%
Persona 7: Inflación 4%
Persona 8: Inflación 0%
Persona 9: Inflación 4%
Persona 10: Inflación 7%

Promedio de inflación = 4.6% de inflación

Por lo que el objetivo del banco central y de la administración en turno será reducir lo más posible el desempleo con el 4.6% de inflación que tiene permitido generar.

CAPÍTULO 20

Licitaciones del banco central

Una vez obtenidos los objetivos que la sociedad quiere para el banco central, los ciudadanos de forma individual o por medio de cooperativas, pueden presentar a la asamblea de administradores propuestas del manejo del banco central para lograr reducir lo más posible el desempleo con la inflación permitida del 4.6%.

Estas propuestas incluyen la cantidad de dinero "nuevo" que se va a inyectar a la economía y recomendaciones a los administradores de dónde invertir este dinero "nuevo". La cantidad de dinero inyectado a la economía y el lugar en el que se invierte determinarán el valor del dinero, la capacidad de producción y demanda del país.

Los licitantes proponen cuánto dinero se invierte y en qué sector de la economía. Estas inyecciones de dinero se pueden sumar al erario público para que los administradores los utilicen igual que el dinero que recolectan con los impuestos y lo utilicen para financiar proyectos de acuerdo a la escala de objetivos. Los licitantes también pueden recomendar que una parte del dinero se inyecte a la economía en forma de inversiones a cooperativas. Evaluando la economía y los otros objetivos de la sociedad, los licitantes pueden proponer invertir cierta cantidad de dinero en cooperativas dedicadas a ciertos sectores de la economía en específico. La recomendación de dónde se debe de invertir el dinero afectará la producción de bienes y servicios de la sociedad. Los licitantes proponen cuánto dinero nuevo habrá en la economía y en qué sectores invertir, de acuerdo a la inflación permitida, buscando reducir el desempleo lo más posible y buscando que la economía completa ayude a lograr los objetivos de la sociedad.

Los licitantes también deben de proponer cuánta inversión extranjera se debe de permitir o buscar para lograr la inflación y el desempleo deseado, cuidando siempre mantenerse dentro de los rangos de dependencia de extranjeros decididos por los ciudadanos.

La administración en turno se puede asesorar de cuantos expertos consideren adecuado para tomar la decisión sobre qué licitación aceptar.

Una vez aprobada una licitación, los licitantes se hacen cargo del banco central y ejecutan su plan. Los resultados del plan serán juzgados por los auditores y los ciudadanos. Si no se está logrando el objetivo deseado, entonces se puede abrir una nueva licitación para corregir los errores de las acciones de los licitantes anteriores.

Además, durante todo el proceso de selección todos los planes de los licitantes son públicos y cuándo se aprueba una licitación, todos los ciudadanos tendrán acceso a la información que va a determinar cuál es el monto de dinero y los sectores de la economía en los que se está buscando invertir. Esto ayudará a que las cooperativas o nuevos emprendedores se preparen, sabiendo que tendrán más posibilidades de recibir una inversión cooperativa si desean invertir en los sectores de la economía que recomiendan los encargados del banco central. Los ciudadanos siempre pueden vetar una decisión de los administradores o pedir una investigación a una licitación.

Por ejemplo, pueden anunciar que se buscará invertir $100,000,000 en cooperativas que se dedican a la producción agrícola y que se buscará que cooperativas extranjeras inviertan $50,000,000 en la industria de las telecomunicaciones. Esto ayudará a que los ciudadanos se preparen para buscar inversiones en estos sectores.

CAPÍTULO 21

Transparencia

Para que todos los miembros de la sociedad puedan tomar las mejores decisiones económicas y para que los licitantes puedan proponer los mejores planes de acción para lograr los objetivos de la sociedad, se recomienda que toda la actividad económica sea 100% transparente. Esto quiere decir que las compañías sean transparentes con toda la información sobre su capacidad de producción máxima, su producción promedio, su inventario, sus ventas y los trabajadores/dueños de las cooperativas.

Esta transparencia ayudará a los licitantes y a los administradores a decidir en qué sectores de la economía sería más eficiente invertir el nuevo dinero generado para generar más empleo y no generar sobre producción de artículos que el mercado no está buscando. Esta transparencia también ayudará a los emprendedores y las nuevas cooperativas a decidir dónde invertir y cuánto invertir.

Por ejemplo:

Los productores de computadoras pueden reportar:

1. Capacidad de producción máxima al año: 1,000,000
2. Producción del año pasado: 800,000
3. Inventario: 100,000
4. Ventas del año pasado: 700,000
5. Trabajadores/dueños actuales: 500

6. Inversión extra necesaria para llegar a la capacidad máxima de producción al año: $50,000
7. Trabajadores/dueños nuevos necesarios para lograr la capacidad máxima de producción al año: 50

Esta información ayudará a los licitantes a darse una idea de dónde conviene invertir el nuevo dinero para generar más empleos y por otro lado permitirá a las cooperativas entender los mercados para saber si les conviene o no entrar a competir a un nuevo mercado o buscar otros mercados.

Además de la transparencia en las cuestiones de sus operaciones es recomendable que todos los préstamos tengan que ser pedidos con cierto tiempo de anticipación, para permitir a los licitantes que manejan el banco central ajustar la cantidad de dinero nuevo o que está en circulación de acuerdo a los préstamos que no puede negar y a las inversiones que puede controlar.

Por ejemplo: Si, para lograr los objetivos de la sociedad se tiene que inyectar $1,000,000,000 nuevo a la economía, y personas y cooperativas pedirán préstamos que equivalen a $100,000,000, entonces los que manejan el banco central tendrán que decidir dónde se invierten los restantes $900,000,000 del dinero nuevo que tienen que inyectar a la economía, si será en inversiones o si sólo se sumará al erario público.

CAPÍTULO 22

Problemas económicos

Las acciones del banco central son 100% transparentes y abiertas al público y si tienen consecuencias negativas no aceptables, tanto los auditores como los ciudadanos en general pueden buscar remover a los encargados del banco. Si las medidas tomadas por los licitantes no tienen los efectos buscados y se genera más desempleo o inflación de la permitida o se genera deflación o estanflación, entonces se abren licitaciones para recibir nuevas propuestas para solucionar los problemas. Una vez aprobada una licitación nueva, se cambia a los encargados del banco central y con este cambio también hay un cambio de estrategia para lograr los objetivos económicos de la sociedad. Si las consecuencias de las decisiones de los encargados del banco central están muy lejos de los objetivos planteados, entonces se puede generar una investigación para determinar si hubo un fraude o las consecuencias negativas fueron por un error o circunstancias no previsibles.

CAPÍTULO 23

Emergencias y respuestas a problemas inesperados

Es de esperarse que la sociedad se enfrente problemas inesperados o emergencias durante el período de tiempo que dure una administración. De ser el caso, las prioridades, los recursos, los objetivos pueden ser replanteados y redirigidos a acciones distintas a las que habían sido seleccionadas con anterioridad. Para enfrentar estas emergencias los administradores pueden comenzar por redirigir recursos y proyectos que estaban destinados a lograr otro objetivo para resolver la emergencia mientras convocan una elección de emergencia; donde los ciudadanos podrán elegir de nuevo cuáles son los objetivos de la sociedad ante la emergencia, y los recursos destinados a esta emergencia, así como el tiempo que las personas brindarán como servicio social para trabajar en proyectos que ayuden a resolver la emergencia, etc..

Por ejemplo: Para resolver una emergencia como una pandemia, los ciudadanos de un país pueden decidir que ciertos grupos menos vulnerables tengan que brindar más servicio social y dedicar su tiempo a labores de producción de suministro de comida o de productos sanitarios y medicamentos.

Los administradores también pueden pedir a los encargados del banco central que el dinero que estaba destinado a inversiones en ciertos sectores de la población sea redirigido para financiar la solución del problema al que se enfrentan.

Por ejemplo: Si la sociedad se enfrenta a una pandemia, los administradores pueden redirigir recursos y proyectos para financiar a proyectos de salud, de producción de material sanitario para hospitales, de producción de comida y servicios básicos para que sigan estando disponibles para todos los ciudadanos, para movilizar a los ciudadanos a realizar ciertas acciones que los ayudarán a mantenerse seguros y también pueden pedir a los encargados del banco central, que el dinero nuevo que se iba a inyectar a la economía por medio de inversiones a cooperativas sea puesto por completo en manos de los administradores quienes pueden usarlo para invertir en investigación y producción de vacunas o medicamentos. Durante esta crisis los administradores pueden convocar una elección exprés, que permita a los ciudadanos elegir la prioridad que dan a la crisis y si desean permitir que se aumente la inflación para poder financiar mejor los proyectos para enfrentar la pandemia.

Es muy importante que las sociedades tengan la capacidad de realizar estas elecciones exprés por medios digitales y que tengan la capacidad de organizar las elecciones y la respuesta de la sociedad de forma legítima, transparente y veloz.

Bajo un análisis rápido, este sistema de respuesta puede parecer lento para muchos, sin embargo es mucho más efectivo que el sistema de respuesta de un sistema capitalista, pues es un sistema que dirige y enfoca los esfuerzos y recursos de grandes partes de la población al solo objetivo de solucionar el problema al que se enfrenta la sociedad. Mientras que en una sociedad capitalista, cuando las empresas privadas son las encargadas de una parte de la solución a los problemas, sus soluciones siempre serán ineficientes para resolver el problema, pues las compañías privadas tienen como objetivo principal generar ganancias para los dueños e inversionistas, no resolver el problema. Cuando las empresas se enfrentan a una crisis social, en el mejor de los casos los dueños y los CEOs se enfrentan a la pregunta:

¿Cómo solucionar el problema social y generar ganancias?

Si los dueños o los CEOs en la empresa están menos comprometidos con la sociedad, pueden plantear la pregunta de la siguiente manera:

¿Cómo generar ganancias de esta crisis social? ¿Dónde está la oportunidad para generar ganancias durante esta crisis social?

De hecho, en un a sociedad organizada como una democracia representativa por elecciones, durante una crisis, los políticos y gobernantes se tienen que plantear preguntas similares:

¿Cómo solucionar el problema y obtener más popularidad? O simplemente, ¿cómo utilizar la crisis para obtener más popularidad?

Esta necesidad de generar ganancias para las compañías y popularidad para los políticos hace que las respuestas de las compañías, los políticos y los gobiernos actuales, a las crisis no sean eficientes para solucionar la crisis; pues en el mejor de los casos, compañías y políticos tienen dos objetivos y en el peor de los casos, la resolución de la crisis ni siquiera es uno de los objetivos principales.

CAPÍTULO 24

Otras propuestas

Estoy seguro de que existen muchas formas en que podría funcional la moneda y la economía de una Objetivocracia Democrática, la anterior sólo es una propuesta, que incluso estoy seguro que se puede mejorar; por eso te pido que me ayudes a mejorar esta propuesta o a desarrollar una nueva para lograr obtener una moneda y una banca realmente democrática. Si tienes alguna propuesta, por favor escríbeme a: objetivocracia@gmail.com Tal vez juntos podamos escribir el libro sobre la moneda y la banca en la Objetivocracia Democrática, o tal vez tú lo puedas escribir solo y lo agregamos a la colección de la Objetivocracia. Lo más importante es que tengamos el objetivo común de democratizar la economía y la política, estoy seguro de que entre más personas estén pensando en estos temas, más y mejores propuestas surgirán.

¿Cómo piensas que debería de funcionar la moneda y la banca en una Objetivocracia Democrática?

____

____

____

____

____

____

____

____

CAPÍTULO 25

Elecciones

Cada ciclo electoral los ciudadanos de una Objetivocracia Democrática tienen que decidir sobre los objetivos de la sociedad, el carácter de lo público y lo privado, las limitantes al poder y los estímulos al desarrollo económico. Estas decisiones pueden parecer abrumadoras, pero con el paso del tiempo los ciudadanos se acostumbrarán a pensar en estos temas, a deliberar, a debatir frecuentemente, decidir y juzgar los resultados de sus decisiones.

A continuación te presentamos las preguntas que podrías encontrar en una Objetivocracia Democrática. Contesta las preguntas como las contestarías si vivieses en una Objetivocracia Democrática, pídele a uno o varios conocidos que contesten las preguntas también, genera un promedio entre las respuestas, observa los cambios entre tus respuestas y el promedio final, reflexiona y debate sobre los resultados, si estás de acuerdo con ellos y si los aceptarías como legítimos; y finalmente evalúa las preguntas mismas, piensa cómo las podrías mejorar, discute estas mejoras con tus conocidos e incluso forma tu propio cuestionario para ser respondido por ti y por tus conocidos.

CAPÍTULO 26

Ejercicio Electoral

Elección de Objetivos

Tienes cien puntos positivos para los objetivos y sub-objetivos que quieres que tu sociedad tenga durante la siguiente administración. Haz una lista y asigna el puntaje a los objetivos de acuerdo a la importancia que les das. Recuerda, estos objetivos son lo que tú estas buscando que tu sociedad tenga y te brinde a ti y a absolutamente todos los otros ciudadanos, y las circunstancias que quieres que tu sociedad genere y en las que quieres vivir..

% de 100 positivos	Objetivo	Sub Objetivo

Total = 100		

Tienes cien puntos negativos para los objetivos y sub-objetivos que quieres que tu sociedad deje atrás, se esfuerce por erradicar o no tenga, durante la siguiente administración. Haz una lista y asigna el puntaje a los objetivos de acuerdo a la importancia que les das.

% de 100 negativos	Objetivo	Sub-Objetivo

Total = -100		

Lo público y lo privado

Decide qué será público, todo lo que no decidas podrá ser de carácter privado, propiedad privada, o controlado por individuos para lograr sus propios objetivos. Decide, qué recursos, servicios, productos o mercados serán públicos, o de todos los ciudadanos y en qué porcentaje.

¿Qué recursos van a ser públicos y en qué porcentaje?

1. ________________________________ __________%
2. ________________________________ __________%
3. ________________________________ __________%
4. ________________________________ __________%
5. ________________________________ __________%
6. ________________________________ __________%
7. ________________________________ __________%
8. ________________________________ __________%
9. ________________________________ __________%
10. ________________________________ __________%

¿Qué servicios van a ser públicos y en qué porcentaje?

1. _______________________________   _________%
2. _______________________________   _________%
3. _______________________________   _________%
4. _______________________________   _________%
5. _______________________________   _________%
6. _______________________________   _________%
7. _______________________________   _________%
8. _______________________________   _________%
9. _______________________________   _________%
10. ______________________________   _________%

¿Qué sectores de la economía van a ser públicos y en qué porcentaje?

1. _______________________________   _________%
2. _______________________________   _________%
3. _______________________________   _________%
4. _______________________________   _________%
5. _______________________________   _________%
6. _______________________________   _________%
7. _______________________________   _________%
8. _______________________________   _________%
9. _______________________________   _________%
10. ______________________________   _________%

¿Qué mercados van a ser públicos y en qué porcentaje?

1. _______________________________   _________%
2. _______________________________   _________%
3. _______________________________   _________%
4. _______________________________   _________%
5. _______________________________   _________%
6. _______________________________   _________%
7. _______________________________   _________%
8. _______________________________   _________%
9. _______________________________   _________%

10. _____________________________   _________%

¿Hay un sector de la economía o una actividad económica que piensas que es necesario limitar o eliminar y en qué porcentaje?

1. _____________________________   _________%
2. _____________________________   _________%
3. _____________________________   _________%
4. _____________________________   _________%
5. _____________________________   _________%
6. _____________________________   _________%
7. _____________________________   _________%
8. _____________________________   _________%
9. _____________________________   _________%
10. _____________________________   _________%

¿Se va a limitar o eliminar la producción o comercialización de ciertos productos? ¿En qué porcentaje?

1. _____________________________   _________%
2. _____________________________   _________%
3. _____________________________   _________%
4. _____________________________   _________%
5. _____________________________   _________%
6. _____________________________   _________%
7. _____________________________   _________%
8. _____________________________   _________%
9. _____________________________   _________%
10. _____________________________   _________%

Impuestos

Decide el tipo de impuestos sobre los ingresos por sueldos, dividendos o ganancias:

¿Cuáles serán los porcentajes de impuestos a los salarios o a las ganancias de acuerdo al nivel económico?

El nivel uno son las personas que menos ganan y el diez son las personas que más ganan.

1. _______ % Porcentaje de impuestos a los ingresos del sector 1 (Los más pobres).

2. _______ % Porcentaje de impuestos a los ingresos del sector 2.

3. _______ % Porcentaje de impuestos a los ingresos del sector 3.

4. _______ % Porcentaje de impuestos a los ingresos del sector 4.

5. _______ % Porcentaje de impuestos a los ingresos del sector 5.

6. _______ % Porcentaje de impuestos a los ingresos del sector 6.

7. _______ % Porcentaje de impuestos a los ingresos del sector 7.

8. _______ % Porcentaje de impuestos a los ingresos del sector 8.

9. _______ % Porcentaje de impuestos a los ingresos del sector 9.

10. _______ % Porcentaje de impuestos a los ingresos del sector 10 (Los más ricos).

Decide el tipo de impuestos sobre las categorías de productos:

¿Cuáles serán los porcentajes de impuestos al consumo de acuerdo al tipo de producto?

1. _______% Porcentaje de impuesto a productos, servicios o actividades indispensables y necesarios para la sobrevivencia del ser humano.

2. _________ % Porcentaje de impuesto a productos, servicios o actividades no necesarios, pero de uso o consumo común y /o preferible entre los miembros de la sociedad.

3. _________% Porcentaje de impuesto a productos, servicios o actividades no necesarios y no básicos, pero no de lujo.

4.

5. _________% Porcentaje de impuesto a productos, servicios o actividades de lujo.

6.

7. _________% Porcentaje de impuesto a productos, servicios o actividades innecesarios, exclusivos y de extra lujo.

Desigualdad

Decide cuánta desigualdad de poder económico se podrá generar en tu sociedad. Esto quiere decir cuántas veces más puede tener el más rico de lo que tiene el promedio de las personas en tu sociedad.

¿Cuánto más puede acumular o tener al año el más rico en comparación al promedio de lo que tienen los otros miembros de la sociedad?

El más rico puede guardar #_____ veces más que el promedio de lo que guardan todos los ciudadanos de tu sociedad.

Servicio Social

Decide cuánto tiempo tienen que dedicar los ciudadanos al servicio social, pueden ser días al mes, meses al año, o años completos.

0 - 12 años = _______________________ tiempo de servicio social

13 - 16 años = _______________________ tiempo de servicio social

16 - 22 años = _______________________ tiempo de servicio social

23 - 65 años = _______________________ tiempo de servicio social
66 - 70 años = _______________________ tiempo de servicio social
71 - adelante = _______________________ tiempo de servicio social

Financiamiento

Préstamos personales:

Decide cuál es el máximo de meses de sueldo por adelantado que se pueden pedir como préstamos.

Préstamo = #_________ Meses de sueldo por adelantado

Decide en cuánto tiempo se tendrán que pagar estos préstamos.
Meses para pagar = #_________ X Meses adelantados

Préstamos cooperativas:

Decide cuál es el máximo de meses de sueldo por adelantado que se pueden pedir como préstamos cooperativos. Recuerda que el préstamo a las cooperativas se mide de acuerdo al sueldo promedio de todos los integrantes de la sociedad. Las cooperativas podrán pedir el número de meses que tú elijas, multiplicado por el número de empleados que tienen, y por el sueldo promedio de los miembros de la sociedad.

Préstamo = #_________ multiplicado por el sueldo promedio de todos los integrantes de la sociedad X número de trabajadores.

Comercio Exterior

Cooperativas extranjeras:

¿Cuál es el porcentaje máximo de dividendos que puede obtener una cooperativa extranjera?

______________ % porcentaje máximo de dividendos que puede obtener una cooperativa extranjera.

¿Cuál es el porcentaje de impuestos que se aplicarán a las ganancias de una cooperativa extranjera?

______________% de impuestos a los dividendos de una cooperativa extranjera.

¿Qué productos o recursos piensas que se deberían de producir en tu sociedad, sin importar que sea más barato producirlos e importarlos en otra sociedad y en qué porcentaje piensas que se deberían de producir dentro de tu sociedad?

Producto   Porcentaje

________________   ________________%

________________   ________________%

________________   ________________%

________________   ________________%

________________   ________________%

¿Qué productos o recursos de los que se producen en tu sociedad piensas que deberían de venderse primero dentro de tu sociedad y sólo una vez que se cubre la demanda local pueden ser exportados fuera de la sociedad?

Producto   Porcentaje

________________   ________________%

________________   ________________%

________________   ________________%

________________   ________________%

________________   ________________%

¿Qué recursos naturales piensas que deberían de poder extraer cooperativas extranjeras? Y ¿En qué cantidades?

Producto   Porcentaje

________________   ________________%

________________   ________________%

________________   ________________%

_______________________   _______________%
_______________________   _______________%

¿Cuál piensas que es el porcentaje máximo de la economía de tu sociedad que debería   depender del comercio o las inversiones extranjeras?

Porcentaje
_______________%

Banco Central

En este momento la inflación anual es del #% y el desempleo de #%, para reducir el desempleo se puede aumentar la inflación, pero esto quiere decir que el dinero vale menos. Por otro lado reducir la inflación tiene como resultado que el dinero vale lo mismo o más, pero suelen perderse empleos.

Decide el porcentaje de la inflación y por lo tanto si decides reducir o aumentar el desempleo. Recuerda que suele estar directamente relacionada el aumento a la inflación con la disminución del desempleo, pero la relación no es proporcional, esto quiere decir que aumentar la inflación en 1% no siempre reduce el desempleo en 1%. Por medio del banco central sólo podemos aumentar o reducir la inflación, pero no tenemos un control directo sobre el desempleo. Decide el porcentaje de inflación que quieres que el banco central tenga como objetivo, posteriormente se abrirá una licitación para buscar planes de acción que reduzcan o mantengan el desempleo lo más bajo posible con la inflación permitida.

+ Inflación ________ % Inflación actual #   - Inflación ________ %
- Desempleo   Desempleo actual #   + Desempleo

Poder de Veto:

Decide qué porcentaje de la votación es necesario para vetar decisiones o pedir investigaciones:

¿Cuál es el porcentaje de ciudadanos que se requieren para vetar o modificar una decisión de una asamblea, un contrato colectivo o un proyecto?

_______________%

¿Qué porcentaje de ciudadanos es necesario para pedir que todos los miembros de una asamblea sean despedidos y que se forme una nueva asamblea?

_______________%

¿Qué porcentaje de incumplimiento de los resultados proyectados de las licitaciones es necesario para detener un proyecto o un contrato colectivo?

_______________%

¿Qué porcentaje de incumplimiento de resultados proyectados desata una investigación de fraude a los licitantes?

_______________%

Ciclo electoral:

Decide por cuánto tiempo quieres que estén vigentes los objetivos y todas las decisiones económicas y políticas que acabas de elegir:

_______________ años

¿Cuánto tiempo tienen que durar las transiciones entre una administración y otra?

_______________ meses

CAPÍTULO 27

Tus propuestas

¿De qué otras formas piensas que se podría democratizar la economía de una sociedad? ¿Cómo piensas que se puede limitar la concentración de poder económico en pocas manos? ¿Cómo piensas que se deba de regular la actividad productiva y económica? ¿Cómo piensas que se puede incentivar y ampliar las posibilidades económicas de absolutamente todos los integrantes de la sociedad?

CAPÍTULO 28

Recomendaciones

Los miembros de una sociedad organizada con el sistema de la Objetivocracia Democrática siempre deben de estar buscando cómo aumentar sus libertades, posibilidades y oportunidades. Uno de los debates principales que es recomendado tener en una Objetivocracia Democrática es sobre cómo aumentar las libertades, oportunidades y posibilidades de todos, y no sólo de unos; las oportunidades, posibilidades y libertades, no el poder de unos sobre otros.

Prohibir la inyección de dinero a la economía por medio del sistema financiero

Una de las herramientas que emplean actualmente los bancos centrales para inyectar "nuevo dinero" a la economía es la venta de bonos de la tesorería. Instituciones financieras, compañías o personas pueden comprar un bono de la tesorería del país que funcionan como "inversiones". La persona compra un bono y después de un tiempo recibe el valor del bono más intereses.

Por ejemplo: si un banco compra un bono a 1 año de $1,000 y el interés es de 27%, al final del año este banco recibirá $1,270.

Esta forma de obtener recursos era una necesaria cuando las monedas de los gobiernos estaban respaldadas en oro. Pues los gobiernos sólo podían imprimir el dinero que estaba respaldado en oro. Un gobierno no podía decidir cuánto dinero había circulando en su economía, cuánto dinero imprimiría, etc., sólo podían tener tanto dinero como tenían oro. En este caso, si el gobierno requería invertir en una obra pública o deseaba inyectar más dinero a la economía para que no se generase deflación y la economía pudiese crecer, el gobierno tenía que pedir un préstamo a las personas que tenían dinero en el país o en otro lugar. Este préstamo, lo regresaría con intereses, mismos que se pagarían con la recolección de impuestos sobre la economía que creció gracias al gasto público. Cuando la moneda estaba respaldada en oro, era necesario obtener primero el oro para poder imprimir billetes o hacer monedas, y ese oro se podía obtener mediante un préstamo. Sin embargo, en la actualidad el dinero no está respaldado en oro y los gobiernos, por medio de sus bancos centrales deciden cuánto dinero van a crear, generar e "inyectar" a la economía, sin necesidad de tenerlo respaldado en oro; el nuevo dinero no se genera gracias a los impuestos y no existía antes de ser impreso por el gobierno, el dinero es creado por el gobierno. Este dinero sólo representa un medio de intercambio de bienes y servicios aceptado por los integrantes de la sociedad y con el cual pagan sus impuestos al gobierno. Por lo que, para "inyectar"nuevo dinero a la economía un gobierno solo tiene que imprimir o crear este nuevo dinero y después tiene que encontrar la manera en que puede meterlo a la economía. Claro que esta es una operación delicada, pues si imprime demasiado dinero, demasiado rápido, el dinero pierde su valor, y se puede generar una hiperinflación; por lo que los gobiernos tienen que regular la cantidad de nuevo dinero que ponen en circulación en la economía. Sin embargo, todas las economías que crecen requieren más dinero en circulación para continuar creciendo, de lo contrario se genera deflación y el dinero gana más valor que los productos y servicios por los que se puede intercambiar y esto puede tener como resultado una recesión o depresión económica. Esto quiere decir que los gobiernos tienen que estar en control de la cantidad de dinero que circula en su moneda.

Para regular la cantidad de dinero que está circulando, los gobiernos pueden imprimir nuevo dinero e introducirlo a la economía por medio de gasto público o por medio del sistema financiero y pueden retirar dinero de circulación por medio de los impuestos y por el sistema financiero. Cuando un banco central inyecta nuevo dinero, o saca dinero de circulación por medio del sistema financiero, beneficia a los miembros del sector financiero de forma desproporcionada en comparación con el resto de la población. Pues, si el gobierno desea sacar dinero de circulación y vende bonos, entonces lo que está haciendo es que retira de circulación la cantidad de dinero que estaba en manos de la persona que compró el bono, y después de un tiempo determinado le regresa su dinero más intereses; estos intereses no son recolectados de los impuestos, son nuevo dinero que el banco central imprime e "inyecta" a la economía por medio de los intereses que da a los que compraron los bonos. Quien compró los bonos gana dinero por comprar estos bonos. El dinero que dió al gobierno no es oro, no es absolutamente nada, por lo que en sí mismo no genera algo productivo y no ayuda a que el gobierno pueda invertir en gasto público, sólo es dinero que se multiplica por entrar y salir de una cuenta.

Otra forma en que los bancos centrales inyectan dinero a la economía es por medio del sistema financiero es otorgando préstamos a los bancos. El banco central presta dinero a los bancos y estos le tienen que regresar el dinero con intereses. Estos bancos, utilizan este dinero nuevo para prestarlo a los ciudadanos con un interés mayor al interés con que el banco central le prestó a ellos, y por lo tanto obtienen una ganancia. El banco central imprime dinero nuevo que le presta a los bancos y luego los bancos le prestan este dinero a los ciudadanos obteniendo una ganancia por hacerlo.

Estas dos formas de meter y sacar dinero de la economía generan un beneficio desproporcionado para las personas, compañías, bancos e instituciones financieras que tienen acceso a grandes cantidades de dinero. Sólo los que tienen grandes cantidades de dinero pueden comprar "bonos" del gobierno y recibir los intereses de estos bonos. Sólo los que tienen instituciones financieras pueden pedir préstamos al gobierno y prestar a los ciudadanos el dinero que el gobierno les prestó y generar una ganancia. Los préstamos y los bonos inyectan y regulan el dinero que está en circulación en una economía, pero lo hacen de una forma en que beneficia a los que más dinero tienen en una sociedad; generando más ganancias para los que ya tenían mucho dinero desde el inicio. Inyectar dinero a la economía por medio del sistema financiero ayuda a incrementar la desigualdad económica y no genera actividades productivas.

En una Objetivocracia Democrática se reconoce que la desigualdad económica genera desigualdad de poder y puede generar relaciones de opresión y coerción en una sociedad; por lo que la estructura misma de la Objetivocracia Democrática debe de buscar la reducción de la desigualdad económica, y debe de hacerlo buscando aumentar las oportunidades, posibilidades y libertades de todos los miembros de la sociedad. Por eso, si el banco central desea inyectar dinero a la sociedad, lo ideal es hacerlo por medio de inversión en cooperativas productivas, por medio de los préstamos personales y cooperativos y por medio del financiamiento de licitaciones que lleven a lograr los objetivos de la sociedad.

Las personas o cooperativas que soliciten encargarse del banco central de la sociedad deben de hacer sus cálculos de acuerdo a los impuestos que los integrantes de la sociedad están pidiendo y de acuerdo al movimiento económico, cuánto dinero nuevo tienen que meter a la economía, o cuánto tienen que sacar. Una vez que obtienen su cálculo deben desarrollar un plan de inversión que tenga como objetivo principal apegarse y buscar los objetivos de la sociedad, disminuir el desempleo y generar una economía sólida en la que exista un balance entre la cantidad de dinero y los productos y servicios disponibles en la sociedad. Durante la implementación de su plan, el plan se tendrá que ajustar de acuerdo a los préstamos que piden los ciudadanos y a las posibles inversiones extranjeras. Toda la información, los planes, las acciones y los resultados esperados de estas acciones deben de estar disponibles para que los ciudadanos los puedan evaluar, aprender de ellos y juzgar.

Inversión en innovación y eficacia

Los miembros de una Objetivocracia Democrática siempre deben de estar buscando ampliar las oportunidades, posibilidades y libertades de todos sus integrantes. Para lograr esto, es recomendable que uno de los objetivos que elijan siempre sea el de la inversión en innovación y eficacia. Una de las formas en que se podría invertir este dinero sería por medio de licitaciones públicas diseñadas para investigar y generar soluciones que hagan más eficiente en cuestión de recursos naturales y tiempo humano la producción de ciertas industrias. Estas soluciones quedarían sin patente y abiertas a que cualquier cooperativa pueda hacer uso de la solución para hacer sus procesos más eficientes, para producir más o para producir lo mismo ahorrando recursos naturales y tiempo de los trabajadores/dueños. Por ser dueños/trabajadores, si una empresa logra eficientar sus procesos, los trabajadores no se quedarán sin empleo, sino que, por ser dueños, podrán recibir los beneficios del proceso más eficiente, ya sea que amplíen las actividades de la industria a otros sectores o que trabajen menos horas mientras siguen produciendo lo mismo. Por ser cooperativas, la innovación tecnológica beneficia a todos los dueños trabajadores, pues por ser dueños, reciben los beneficios y no son despedidos de sus trabajos.

EL CAMINO AL CAMBIO

Todas las propuestas anteriores pueden parecer fantasía, una locura, una utopía, algo inalcanzable, puedes pensar que los que tienen el poder en estos momentos nunca lo van a soltar. Debemos de aceptar que lo más probable es que quienes tienen el poder económico en este momento no van a querer soltarlo. Sin embargo, te recuerdo que en un momento, todo el poder económico estaba en manos de los reyes, los emperadores y los nobles, y que poco a poco ha ido cambiando. Si las cosas han cambiado en el pasado, todo indica que seguirán cambiando, nada en la historia de la humanidad es estático, lo único constante es el cambio, por lo que podemos asumir que la forma en que se organiza la economía en estos momentos va a cambiar y se va a modificar. Los cambios que se generen depende de los esfuerzos que se realicen. En estos momentos billonarios y corporaciones gastan millones de dólares para convencer a políticos de modificar las leyes a su favor y para generar propaganda que convenza al público de sus posturas. Pero también, en estos momentos hay muchísimas personas que están descontentas con el estado actual de su economía y que están en contra de la influencia que los millonarios y las corporaciones ejercen sobre su política y economía. El descontento ha llevado a muchísimas personas a protestar en las calles o a votar por candidatos por los que no hubiesen votado antes.

Si tú eres uno de estos que está en descontento con la economía de tu país y del mundo. Que no sestá convéncido por el sistema capitalista, que considera que la economía debería de ser más democrática y estar al servicio de todos, no solo del 10% que controla el 80% de los recursos del planeta o de los políticos. Entonces, es momento de que en tus protestas y a tus candidatos, exijas mucho más. No te limites tanto en lo que buscas, no des tu voto a quienes prometen regresar al pasado, exige propuestas que lleven a tu país, a tu sociedad y a tu economía al futuro, a un futuro más democrático. Si ya estás buscando un cambio, busca un cambio real, un cambio en el sistema, un cambio que haga que la política y la economía sean más democráticas; que le quite el control de la política y la economía a los billonarios, a los tecnócratas y a los políticos y que te permita a ti y a los otros ciudadanos elegir los objetivos de la política y la economía de tu país; que te permita participar, que aumente las oportunidades, posibilidades y libertades de todos, no sólo el poder de unos cuantos para oprimir al resto.

Reflexiona, ¿necesitas otro político con más poder para que pueda mejorar tu sociedad? ¿Necesitas que los millonarios tengan más dinero para que mejore la economía de todos? Yo pienso que no. La solución no está en seguir permitiendo que pocos tengan mucho poder. La solución no está en pedir que un político nos salve a todos. La solución no está en pedir que un billonario haga un proyecto que nos salve a todos. La solución está en que cambiemos el sistema para que no se acumule el poder en pocas manos y todos podamos elegir y actuar de forma democrática para ampliar las oportunidades y libertades de todos. En estos momentos tu vida depende de las decisiones de políticos y billonarios, no les des todavía más poder. ¡Quítaselos! Quítale el poder a los políticos y a los millonarios y distribuye el poder entre todos los miembros de tu sociedad para que lo que antes era poder para oprimir y controlar ahora sea libertad para decidir y actuar y oportunidad para desarrollar tu vida de acuerdo a lo que tu quieres que sea.

Claro que tal vez en este momento no puedes exigir todo lo que proponemos para lograr una Objetivocracia Democrática, pero puedes elegir entre las propuestas, una que veas viable y exige esa a tus candidatos, a tu gobierno, o en las protestas. No cambies un político por otro, cambia el sistema. Piensa: ¿Cómo puedes adaptar las propuestas que presentamos en este libro para que apliquen a tu país, para que las puedas exigir en una protesta o a un nuevo candidato o un nuevo partido? Claro que puedes lograr que al menos una de las propuestas anteriores sea parte de los temas a hablar en las negociaciones de una protesta o que un candidato o un partido adopten algunas de estas propuestas. O, si tú estás pensando postularte como candidato o quieres formar un nuevo partido, piensa, ¿Cómo puedes presentar estas propuestas, para que, si eres electo, puedas cambiar el sistema desde dentro, para transformarlo en una verdadera democracia?

Piensa estos temas y discutirlos con tus amigos y conocidos. ¿Cómo podemos democratizar la economía? ¿Cómo podemos democratizar toda la sociedad?

CAPÍTULO 1

Cambios graduales

Los cambios no tienen que ser de la noche a la mañana y no tienen porqué ser iguales en todas las sociedades. Tal vez tienes un gobierno muy corrupto y puedes pedir que además de los legisladores elegidos directamente por los ciudadanos se agreguen legisladores seleccionados por sorteo; que se forme una asamblea de auditores; que además de elegir representantes también se elijan los objetivos de la sociedad y que los representantes tengan que actuar de acuerdo a los objetivos de la sociedad y que serán juzgados de acuerdo a los resultados que presenten.

Tal vez puedes pedir que tú y todos los integrantes de tu sociedad decidan por medio de la democracia por promedio los impuestos de cada sector de la población y de los distintos tipos de productos. Posteriormente puedes exigir que el dinero del erario sea distribuido de acuerdo a los objetivos de la sociedad.

Tal vez puedes pedir que se elija el servicio social que todos los integrantes de la sociedad tienen que dar y que parte de este servicio involucra que civiles acompañen a policías, militares y políticos en todas sus acciones laborales.

Piensa: ¿qué cosas puedes iniciar pidiendo del nuevo sistema? ¿Qué cosas puedes ir quitando del viejo sistema? Debate, organízate, sal a las calles, toma el control de tu sociedad y el control de tus circunstancias.

¿Cómo vas a iniciar el cambio?

CAPÍTULO 2

Educación y sociedades pequeñas

La democracia no sólo debería de estar presente en las administraciones, los gobiernos y las economías sino en todos los aspectos de nuestra vida. Entre más nos acostumbremos a tomar decisiones de forma democrática, más natural será para nosotros participar en una verdadera democracia. Para acostumbrarnos a la democracia y a tomar decisiones económicas el paso más importante es aplicar los principios de la Objetivocracia Democrática en instituciones educativas y en sociedades pequeñas.

CAPÍTULO 3

Instituciones Educativas

Una de las críticas en contra de la democracia es la aseveración de que los ciudadanos son ignorantes. La solución a este problema es bastante sencilla, todo lo necesario es modificar el sistema educativo para que los alumnos, no sólo aprendan la teoría de los sistemas democráticos sino que los apliquen. Las escuelas pueden ser sociedades que se organicen bajo el sistema de la Objetivocracia Democrática, donde se le permita a los alumnos tomar ciertas decisiones que los afectan en su día a día y donde se genere una economía interna.

Las escuelas pueden dar su moneda interna a cambio de ciertos trabajos y exigir que al final de cada mes los alumnos tengan que pagar algo de impuestos de esta moneda interna. A partir de allí, los alumnos pueden comenzar a armar una economía interna y tomar decisiones que van desde cuánto pagar por ciertos trabajos hasta si van a permitir la comercialización de productos que traen de sus casas con la moneda de la escuela. Los alumnos pueden tomar decisiones sobre la imprenta de más créditos, y pueden hacer pequeñas cooperativas para producir alimentos o productos o para comercializar . Incluso pueden poner impuestos locales por salón y decidir en qué se van a utilizar estos impuestos. Por ejemplo, para comprar cosas para el salón o para pagar un viaje que realizarán juntos.

Los alumnos podrían aprender y acostumbrarse a tomar decisiones económicas con el paso del tiempo, hasta que les sea natural pensar en presupuestos, en porcentajes de impuestos y en las decisiones sobre la inflación y el desempleo.

Por ejemplo, piensa en el uso de las computadoras y la tecnología, cuando las computadoras no estaban disponibles al público, efectivamente nadie sabía usar computadoras, y el uso de las computadoras y tecnología era algo para los expertos. Pero poco a poco, la tecnología se introdujo a los salones de clases, a los trabajos, a los hogares y en menos de 30 años las computadoras pasaron de ser algo exclusivo del uso de expertos, a ser de uso común y a estar en los celulares y las manos de muchísimas personas. No se necesita enseñar la teoría del uso de la tecnología para hacer uso de ella, se necesita hacer uso de la tecnología para aprender a usarla. De la misma forma, entre más y más se haga uso de los conceptos democráticos tanto en la política como en la economía en cada vez más niveles de la sociedad, más rápidamente se hará democrática una sociedad y más hábiles serán los ciudadanos para tomar decisiones democráticas sobre la política y la economía.

Piensa: ¿Cómo puedes aplicar los conceptos democráticos a tus sociedades?

Si eres un padre de familia o dueño de una escuela, piensa: ¿Cómo podrías introducir los principios democráticos, políticos y económicos a tu escuela? ¿Qué dinámicas puedes realizar, qué sistemas puedes poner en práctica para que los alumnos, niños, adolescentes y adultos se acostumbren a tomar decisiones políticas y económicas de forma democrática y aprendan a entender y evaluar los resultados de sus decisiones?

CAPÍTULO 4

En sociedades pequeñas:

Casi todos los seres humanos somos miembros de sociedades dentro de sociedades, en estas sociedades puedes abogar por el empleo de los principios políticos y económicos de la Objetivocracia Democrática.

En un sindicato, todos los miembros pueden elegir por el sistema de promedio las cuotas sindicales, los sueldos, los gastos y los objetivos del sindicato. Un sindicato es el lugar perfecto para hacer uso del sistema de la Objetivocracia Democrática. En lugar de que los sindicatos sean otra forma en que se oprime al trabajador, los trabajadores pueden buscar democratizar sus sindicatos y organizarlos por medio de la Objetivocracia Democrática para que el sindicato sea una herramienta real para la liberación y el empoderamiento de los trabajadores.

En una asociación de vecinos, en conjunto pueden decidir por medio de la democracia por promedio los objetivos de la sociedad, las cuotas vecinales, tiempo de servicio que cada vecino tienen que dedicar para ayudar a la vecindad y muchas otras decisiones como la hora de la noche hasta la que pueden durar las fiestas, etc. Los vecinos también pueden presentar "licitaciones" para recibir financiamiento para un proyecto, una acción o un contrato colectivo. Haciendo de su vecindario una verdadera sociedad democrática.

Piensa: ¿De qué pequeña sociedad eres parte y cómo puedes aplicar los principios de la Objetivocracia Democrática en esta sociedad?

CAPÍTULO 5

En países o regiones en conflicto o en proceso de transición

Lamentablemente existen muchos países y regiones en el mundo que se encuentran en conflictos bélicos o en medio de una revolución.

Líderes y ciudadanos de estas revoluciones, no caigan en la trampa de elegir la democracia representativa por elección y el sistema capitalista, formen verdaderas sociedades democráticas que protejan a todos los ciudadanos, los ayuden a ampliar sus posibilidades, oportunidades y libertades y generen sociedades unidas donde juntos puedan construir el mundo y las circunstancias que desean crear. Ustedes ya se encuentran en una sociedad en guerra, van a tener que construir, construyan para formar sociedades verdaderamente democráticas para que no sea necesaria otra revolución en el futuro. Si eligen capitalismo y democracia representativa por elecciones, poco a poco las fallas del sistema dividirán a la población, se polarizará de nuevo, se generarán opresores y oprimidos, y el deseo y la necesidad de una nueva revolución. No se conviertan en opresores, resistan la tentación del poder, instituyan un sistema verdaderamente democrático. Tienen esta oportunidad en sus manos, sean parte del cambio histórico, sean los que lo inicien.

CAPÍTULO 6

La ruta para el cambio

No existe una sola receta o una sola ruta para lograr los cambios que buscamos en la sociedad, pero de lo que sí podemos estar seguros es de que entre más hablemos de estos cambios, entre más los pongamos en práctica en escala pequeña y entre más exijamos que los gobiernos actuales adopten medidas democráticas, más nos estaremos acercando al ideal. Las medidas que puedes lograr que se adopten en tu país, son parte de la transición a una sociedad verdaderamente democrática.

Pienso que si en nuestras escuelas y sociedades privadas aplicamos la Objetivocracia Democrática, y comenzamos a exigir reformas por medio de protestas, eligiendo o formando nuevos partidos o candidatos que tengan como objetivo reformar el sistema e implementen medidas de la Objetivocracia Democrática, podemos transformar el sistema.

Sólo tú sabes que es lo más urgente y que es lo alcanzable en tu sociedad. Desarrolla una lista de las propuestas políticas y económicas de la Objetivocracia Democrática y ponles prioridad, cuál se va a pedir primero, cuál después, cuál es más urgente, cuál piensas que puede ser aceptada por más personas, y así, poco a poco, convences a otras personas de luchar por la verdadera democracia y poco a poco transformas tu sociedad.

CAPÍTULO 7

Tú

La forma en que está organizado el mundo en este momento es una que oprime a la mayoría de las personas, es una que no fomenta ni la libertad ni el desarrollo humano de todos los seres humanos. En este momento, tienes que pensar, evaluar la situación de tu país, del mundo completo. Piensa: ¿Cómo puedo hacer de este país, de este mundo un mejor lugar? ¿Un lugar sin opresión, sin explotación? Piensa si te convence la Objetivocracia Democrática, ¿qué partes te convencen y qué partes no?, ¿puedes mejorar lo que no te convence?, ¿puedes discutir con otras personas sobre estos temas para mejorar las propuestas de este libro?, ¿qué propones?, ¿cómo podemos cambiar de lo que tenemos en este momento al ideal que es una sociedad realmente democrática que proteja a todos de la opresión y genere oportunidades, posibilidades y libertades para todos?

____

____

____

____

____

____

____

____

____

____

Si quieres ayudar a promover las ideas de la Objetivocracia Democrática, si quieres ayudar a traducir el libro a otro idioma, si piensas que puedes escribir un libro donde expongas de forma más atractiva los principios de la Objetivocracia Democrática, o que puedes escribir un libro mejorando las ideas o los argumentos de la Objetivocracia Democrática, escríbeme y podemos colaborar, o escribe el libro tú solo y lo podemos publicar como parte de la colección de la Objetivocracia Democrática, o incluso publícalo tú por tu cuenta, lo importante es debatir y promocionar estas ideas.

Contáctame en: objetivocracia@gmail.com

Quiero colaborar contigo de una forma democrática ¿Quieres hacer lo mismo?

Quiero expandir mi libertad, mis opciones y posibilidades por medio de la colaboración libre contigo y con todos los otros seres humanos del mundo. ¿Quieres lo mismo?

Más libertad, más oportunidades, más posibilidades y más colaboración.

¡Humanos de todo el mundo, seamos libres juntos! ¡Colaboremos de forma libre! ¡Construyamos sociedades verdaderamente democráticas y libres!

Bibliografía

1:1: Shorrocks, A., Davies, J., Lluberas, R., & Rohner, U. (21 de octubre de 2019,). Global Wealth Report 2019: Global wealth rises by 2.6% driven by US & China, despite trade tensions. [PDF](p.24). Credit Suisse. Consultado el 16 de abril de 2020. Disponible en: https://www.credit-suisse.com/articles/media-releases/2019/10/en/global-wealth-report-2019--global-wealth-rises-by-2-6--driven-by.html

2: WHO (World Health Organization) [Organización Mundial de la Salud] How air pollution is destroying our health. (n.d.). Consultado el 16 de abril de 2020. Disponible en : https://www.who.int/airpollution/news-and-events/how-air-pollution-is-destroying-our-health

3: Ellis, C. (23 de septiembre de 2018). World Bank: Global waste generation could increase 70% by 2050. Consultado el 16 de abril de 2020. Disponible en: https://www.wastedive.com/news/world-bank-global-waste-generation-2050/533031/

4: Cook, John & Oreskes, Naomi & Doran, Peter & Anderegg, William & Verheggen, Bart & Maibach, Edward & Carlton, J & Lewandowsky, Stephan & Skuce, Andy & Green, Sarah & Nuccitelli, Dana & Jacobs, Peter & Richardson, Mark & Winkler, Baerbel & Painting, Rob & Rice, Ken. (2016). Consensus on Consensus: A Synthesis of Consensus Estimates on Human-Caused Global Warming. Environmental Research Letters. 11. 048002. 10.1088/1748-9326/11/4/048002.

5: Cramer,W., G.W. Yohe, M. Auffhammer, C. Huggel, U. Molau, M.A.F. da Silva Dias, A. Solow, D.A. Stone, and L. Tibig, (2014): Detection and attribution of observed impacts. In: Climate Change 2014: Impacts, Adaptation, and Vulnerability. Part A: Global and Sectoral Aspects. Contribution of Working Group II to the Fifth Assessment Report of the Intergovernmental Panel on Climate Change. Cambridge University Press, Cambridge, United Kingdom and New York, NY, USA, pp. 979-1037.

6: Univision. (3 de julio de 2019). Trump amenaza con imponer un arancel general al comercio con México "hasta que se detenga" la inmigración ilegal. Consultado el 16 de abril de 2020. Disponible en: https://www.univision.com/noticias/politica/trump-amenaza-con-imponer-un-arancel-general-al-comercio-con-mexico-hasta-que-se-detenga-la-inmigracion-ilegal

Sobre el Autor

Realmente pienso que es innecesario hablar de mí, pues pienso que las ideas del libro son las que tienen que ser consistentes en sí mismas. No importa quién da el argumento, mientras el argumento sea correcto. Por favor, considera y evalúa las ideas del libro, no al escritor.

Si insistes en saber un poco más de mi te platico de forma muy general que fui criado en un hogar muy católico, a los 14 años entré al seminario menor de los Legionarios de Cristo; a los 16 deje de creer en dios y salí del seminario. Estudié dos años de Ingeniería Mecánica en el Tecnológico de Monterrey, mientras me debatía entre intentar ser "normal" y enfrentar la angustia existencial, el nihilismo y la depresión que la pérdida de la fe me generó. Decidí dejar la universidad y dedicarme al cine, me fui a vivir a la CDMX, donde recibí mucha ayuda de un par de amigos y donde me enfrenté a otras dificultades como el acoso sexual de un par de productores y representantes. Trabajé de modelo, extra, asistente de producción, asistente de dirección, director y productor de videos corporativos, comerciales, cortometrajes, películas grandes y películas pequeñas e independientes, tuve dos productoras de cine independiente y videos, trabajé con ONGs y con un par de políticos que poco a poco me di cuenta que eran corruptos.

Mientras hacía todo esto leía y escribía mi propia filosofía, continuaba buscando una razón, un sentido a mi existencia y una métrica objetiva para juzgar el bien y el mal, la buena vida y para poder tomar decisiones y estar satisfecho con mi vida. Eventualmente mi preocupación filosófica pasó de ser algo personal a ser algo social; pues una de las respuestas que di a la pregunta "¿Cómo puedo vivir una vida que valga la pena ser vivida?" es: siendo libre y relacionándome, colaborando, compartiendo y amando a seres humanos libres.

En el 2017 un terremoto sacudió al centro y sur de México. Me alisté para ayudar en las labores de rescate en pueblitos del estado de Morelos. Allí me enfrenté a un tipo de pobreza a la que no me había enfrentado antes, personas enfermas que vivían en casas de tierra. Recuerdo que el techo de la casa de una familia era una lona de un anuncio de un candidato político. Para lo único que los políticos habían servido a esa comunidad era para generar basura con su material de campaña que luego sería utilizada como material de construcción.

Reflexioné y me salí de la productora de cine independiente que tenía en esos momentos. Los siguientes dos años y medio de mi vida los dediqué a leer, reflexionar y escribir. Decidí hacer muchos cambios en mi vida y a desarrollar el libro que ahora sostienes en tus manos. Ahora busco comunidades de seres humanos libres, busco colaborar libremente, amar, experimentar, vivir libremente y construir mi vida y si es posible, un mundo libre.

Dedicatoria

Gracias Lore porque eres la persona que más me ha ayudado en mi vida.

Gracias Diego Gallegos por haber sido mi amigo en las buenas y en las malas.

Gracias Familia Sanchez Toro por generar las circunstancias que me permitieron tener la oportunidad de perseguir mi propia vida.

Gracias César por unir la biografía y las emociones con la filosofía.

Gracias Mayagoitia por los debates y las mil cenas que me has invitado.

Gracias Diana por siempre darme tanto cariño.

Gracias Esteban por siempre apoyarme y escucharme y por ser mi amigo, gracias Caty por el cariño, gracias Adry por la motivación, gracias Robe por compartir tanto conmigo, gracias José por tu amistad, gracias madre por apoyarme y corregir (el texto), gracia papá por abrirme las puertas de tu casa y del refrigerador durante la cuarentena.

Gracias tripie por siempre estar allí.

Gracias Leah por compartir tanta intimidad emocional.

Gracias Genaro por las largas noches de debates.

Gracias Storm y Kathy por disfrutar la libertad conmigo.